底线思维

守住底线　开拓新局面

周衍冰◎著

新　华　出　版　社

图书在版编目（CIP）数据

底线思维：守住底线 开拓新局面 / 周衍冰著.
北京：新华出版社, 2016.11
ISBN 978-7-5166-2989-5

Ⅰ. ①底… Ⅱ. ①周… Ⅲ. ①改革开放－研究－中国 Ⅳ. ①D616

中国版本图书馆CIP数据核字(2016)第285193号

底线思维：守住底线 开拓新局面

作 者：周衍冰

责任编辑：江文军　**责任印制：**廖成华
责任校对：刘保利　**封面设计：**李尘工作室

出版发行：新华出版社
地 址：北京石景山区京原路8号　**邮 编：**100040
网 址：http：//www.xinhuapub.com
经 销：新华书店
购书热线：010－63077122　**中国新闻书店购书热线：**010－63072012

照 排：臻美书装
印 刷：北京凯达印务有限公司
成品尺寸：170mm×240mm 1/16
印 张：16.5　**字 数：**210千字
版 次：2016年12月第一版　**印 次：**2016年12月第一次印刷
书 号：ISBN 978-7-5166-2989-5
定 价：39.80元

前 言

站在新的历史起点上，以习近平同志为核心的党中央掷地有声地提出，改革开放是“坚持和发展中国特色社会主义的必由之路”，是当今中国发展的“最大红利”。自邓小平同志开启改革开放的历史征程以来，改革开放使中国的面貌发生了翻天覆地的变化。但是同时改革开放遇到的困难越来越多，难度越来越大。在改革的攻坚期和深水区，必须全面深化改革开放，才能开创新的局面。思想能否破冰，直接决定着行动能否突围。在纵论国际国内大势、谋划改革发展蓝图时，习近平总书记提出了底线思维这一改革思维方法。

习近平总书记提出底线思维具有重要的意义。其意义可以从重要性和紧迫性两个方面来把握。其重要性体现在，必须把底线思维贯穿到我们党执政的始终，才能完成“全面建成小康社会”的战略任务，完成“两个一百年”的奋斗目标。中国共产党作为在中国执政并将长期执政的政党，肩上承担着两大任务，第一改造客观世界，搞好现代化建设；第二改造主观世界，搞好党的建设。完成这两大任务，必须坚守底线思维。实现国家的现代化，必须坚守和运用底线思维。美国政治学者亨廷顿在考察世界上数十个国家的现代化历程后提出了一个重要结论，“现代性孕育着稳定，而现代化则滋生动荡”。中国的现代化历程是在“时空压缩”的大背景下推进的，这一现实既是中国在过去三十多年间取得辉煌成就的原因，也意味着中国现代化进程中需要在短时间内解决更多更尖锐的问题和矛盾。再加上党和国家面临“三期叠加”的挑战，我国的政治、经济、文化、社会和生态文明建设面临的困难显著加大，出现了一些“可能引发经济下行和风险增大的边际变化”。各级领导干部必须“坚持底线思维，做好应对各种新挑战的准备”。加强党的建设，必须坚持和运用底线思维。十八大以来，以习近平同志为核心的党中央高度重视通过群众路线教育实践活动和反腐败斗争加强党的建设，这本身就是坚持和运用底线思维的表现。习近平总书记在党的群众路线教育实践活动总结大会上讲话指出，“各级各部门党委（党组）必须树立正确政绩观，坚持从巩固党的执政地位的大局看问题，把抓好党建作为最大的政绩。如果我们党弱了、散了、垮了，其他政绩又有什么意义呢？”党的领导是中国特色社会主义的本质特征，坚持党的领导是中国特色社会主义必须坚守的底线。只有抓好党的建设，提高党的执政能力，才能保证中国特色社会主义不改旗、不易帜。抓好党的建设，坚持底线思维是关键。就其积极意义而言，

“干部廉洁自律的关键在于守住底线”，只要能守住“做人、处事、用权、交友的底线，就能守住党和人民交给自己的政治责任，守住自己的政治生命线，守住正确的人生价值观”。就其消极意义而言，必须严惩践踏底线的党员干部，才能保持党的纯洁性和战斗力。习近平总书记多次强调，对违规违纪、破坏法规制度，“踩‘红线’、越‘底线’、闯‘雷区’的，要坚决严肃查处，坚决防止‘破窗效应’”。

各级领导干部必须掌握底线思维的紧迫性体现在，只有坚持底线思维才能有效化解全面深化改革的过程中累积的和新出现的问题。2014年6月30日，习近平总书记在中央政治局第十六次集体学习时讲话指出，面对“四大危险”和“四大挑战”，各级党员干部要“坚持底线思维，做到居安思危”，“不能安于现状、盲目乐观，不能囿于眼前、轻视长远，不能掩盖矛盾、回避问题”。十八届五中全会上，我们党制定了“十三五”规划，“全面建成小康社会”的号角已经吹响。面对错综复杂、快速变化的形势，各级党员干部要保持清醒的头脑，在看到成绩的同时，“也要看到国际国内各种不利因素的长期性、复杂性、曲折性，不回避矛盾，不掩盖问题，从坏处准备，争取最好的结果，牢牢把握主动权”。

底线思维是以习近平为总书记的新一届党中央治国理政，全面深化改革开放，实现全面建成小康社会战略目标的重要思维方式，是各级领导干部必须掌握的思维方式。这一思维方式有着怎样的理论内涵和原则要求？在党和国家领导人开创、坚持和发展中国特色社会主义的关键历史时刻起到了怎样的作用？在新一届党中央治国理政的大政方针中有着怎样的体现？在新的历史起点上，坚持和运用底线思维的关键是什么？本书将为您条分缕析地解答这些问题。

目 录 | CONTENTS

第一章

治国理政需要底线思维

底线思维是一种重要的改革思维方法，是习近平总书记立足于坚持和发展中国特色社会主义，总结党90多年来革命和建设的伟大经验，面向共产党在中国执政并将长期执政的事实，为实现中华民族伟大复兴中国梦的战略目标，从全局视野和战略高度对各级党政干部的执政思维提出的要求，是当前和今后一个时期内推进中国改革开放事业持续前进的重要思维方式。底线思维是我党在“一着不慎，满盘皆输”的社会转型期下推动改革开放的重要思维方式，是各级党政干部必须学习运用的思维方式。学习运用底线思维的前提是深刻认知这一思维方式。

第一节
底线是不可践踏的红线

在日常的工作、生活和学习中，“底线”是一个非常常用的词汇。它的本义是指足球、篮球、羽毛球等运动场地两端的边界线。球一旦越过底线，就会被裁判定为死球，把球踢出或打出底线的球队也将丧失球权。故此，底线被引申为个人、社会和国家生活中不可触碰的红线。一旦突破底线，将会丧失“球权”，对个人、社会或国家来说，则可能出现无法接受的后果。站在理论的高度上，可以从真理的尺度、价值的尺度和自由的尺度三个方面来说明底线及其意义。

真理、价值和自由是人的实践活动的重要维度。马克思曾经指出，“动物只是按照它所属的那个种的尺度和需要来建造，而人却懂得按照任何一个种的尺度来进行生产，并且懂得怎样处处都把内在的尺度运用到对象上去；因此，人也按照美的规律来建造。”[1]马克思在这里提出了人认识和改造世界的三种尺度，“真理的尺度”“价值的尺度”

1 马克思恩格斯文集第 1 卷 [M]. 北京：人民出版社，2009：163.

和“美的尺度”。真理的尺度是一种客观的尺度，也就是马克思所说的动物所遵循的“种的尺度”和人所遵循的“任何一个种的尺度”。价值的尺度是一种主观的尺度，即马克思所说的“内在的尺度”。人既能够认识并利用客观规律，按照真理的尺度进行生产；也能够按照“内在尺度”即美和善的价值尺度来建造世界。真理的尺度和价值的尺度分别关心世界的实然和应然，即世界本来什么样和应当变成什么样。人生天地之间，只有在对事实获得真理性的认识的基础上，才能过一种善良美好的生活。这是人的生活不同于神祇和动物的关键所在，是人的天命。神祇全知全善，不需要像人一样苦苦追求人世间的真理，就能过上一种善良的生活。动物只是在本能的驱使下活动，只要摸清身边的环境就足够了，压根不会关心其行为的善恶美丑。只有人才既需要“真理的尺度”，又需要“价值的尺度”。人一方面需要运用“真理的尺度”，认识实然，把握住万事万物存在、发展、变化的底线，基于对客观世界中种种底线的真理性认识指导自身的行为。另一方面，又需要运用“价值的尺度”规划应然，在尊重客观存在的底线的前提下，划定更有利于人生存和发展的底线。立足于对世界的“实然”状况的理解和把握，规划自身存在所能达到的“应然”状态，这是一种“随心所欲而不逾矩”的自由，马克思把这种实现了真理与价值统一的状态称为“美”。

一、从真理的尺度看，底线是量变质变的临界点

从真理的尺度看，底线是事物发生质变的度的临界点。质变量变原理是唯物辩证法的基本原理。唯物辩证法认为，变化是事物的存

在状态，一切事物都处在变化之中。而变化又分为质变和量变两种形态，任何事物的发展变化过程都是质变和量变的统一。量变是质变的必要条件，质变是量变的必然结果。当量变积累到一定程度，必然会出现质变的飞跃。当质变条件尚未成熟，量的渐进性积累对事物的发展也具有不可忽视的作用。质量互变规律告诉我们，任何事物都是质与量的统一体，质与量的统一就是“度”。度是指一定事物保持自身的质不发生改变的量的限度，度的两端都存在着关节点或临界点。在临界点的范围内，事物的质保持不变；超出临界点，事物的质就发生变化。这一原理要求我们在为人处世时必须把握适度原则，要“注意分寸”“掌握火候”。我们常说的“过犹不及”，就是指超过或低于事物发展变化的临界点都会带来不好的结局，因为它们都打破了事物维持自身质的底线。在现实生活中，底线就是事物质变的度的临界点，如法律底线、政策底线、利益底线、道德底线等都是事物质变的度的临界点。一旦突破这些底线，事情就会发生质变，从可以接受变得不可接受。

相关链接

关于辩证法的度的原理，黑格尔有过精彩的论述。他说：

尺度中出现的质与量的同一，最初只是潜在的，尚未显明地实现出来。这就是说，这两个在尺度中统一起来的范畴，每一个都各要求其独立的效用。因此一方面定在的量的规定可以改变，而不致影响它的质，但同时另一方面这种不影响质的量之增减也有其限度，一超出其限度，就会引起质的改变。例如：水的温度最初是不影响水的液体性的。但液体性的水的温度之增加或减少，就会达到这样的一个点，在这一点上，这水的聚合状态就会发生质的变化，这水一方面会变成蒸汽，另一方面会变成冰。当量的变化发生时，最初好像是完全无足重轻似的，但后面却潜藏着别的东西，这表面上无足重轻的量的变化，好象是一种机巧，凭借这种机巧去抓住质（引起质的变化）。这里包含的尺度的两种矛盾说法，古希腊哲学家已在不同形式下加以说明了。例如，问一粒麦是否可以形成一堆麦，又如问从马尾上拔去一根毛，是否可以形成一秃的马尾？当我们最初想到量的性质，以量为存在的外在的不相干的规定性时，我们自会倾向于对这两个问题予以否定的答复。但是我们也须承认，这种看来好像不相干的量的增减也有其限度，只要最后一达到这极点，则继续再加一粒麦就可形成一堆麦，继续再拔一根毛，就可产生一秃的马尾。这些例子和一个农民的故事颇有相同之处：据说有一农夫，当他看见他的驴子拖着东西愉快地行走时，他继续一两一两地不断增加它的负担，直到后来，这驴子担负不起这重量而倒下了。如果我们只是把这些例子轻易地解释为学究式的玩笑，那就会陷于严重的错误，因为它们事实上涉及到思想，而且对于思想的性质有所认识，于实际生活，特别是对伦理关系也异常重要。例如，就用钱而论，在某种范围内，多用或少用，并不关紧要。但是由于每当在特殊情况下所规定的应该用钱的尺度，一经超过，用得太多，或用得太少，就会引起质的改变（有如上面例子中所说的由于水的不同的温度而引起的质的变化一样），而原来可以认作节俭的行为，就会变成奢侈或吝啬了。同样的原则也可应用到政治方面。在某种限度内，一个国家的宪法可以认为既独立于又依赖于领土的大小、居民的多少、以及其他量的规定。譬如，当我们讨论一个具有一万平方英里及四百万人口的国家时，我们无庸迟疑即可承认几平方英里的领土或几千人口的增减，对于这个国家的宪法决不会有重大的影响。但反之，我们必不可忘记，当国家的面积或人口不断地增加或减少，达到某一点时，除开别的情形不论，只是由于这种量的变化，就会使得宪法的质不能不改变。瑞士一小邦的宪法决不适宜于一个大帝国，同样罗马帝国的宪法如果移置于德国一小城，也不会适合。（黑格尔 . 小逻辑 [M]. 贺麟译 . 北京：商务印书馆，1996：236–238.）

底线是质变与量变的临界点表明它是一种客观存在。随着现代化进程的加快，社会的分化越来越深刻，计划经济时代千人一面的场景已经非常少见了，每个人都有自己的品味、审美、理念和追求。随着人与人之间的差别越来越大，每个人所理解的道德准绳和伦理标尺也越来越不同。面对此情此景，人们不禁会问，社会生活中还有一条值得每个人都坚守的底线吗？既然社会分化是现代化不可阻挡的结果，还有必要强调共同的底线吗？在底线问题上的“历史虚无主义”由此产生。如果用人们对底线的理解开始分化，甚至出现对立的现象来否定底线概念、否认底线存在的必要，显然是一种错误的认识。它没有认识到，底线是矛盾的普遍性与特殊性的统一体。一方面，底线无时不有、无处不在；另一方面，每时每处的底线条件都有其特殊性。不论社会如何变迁，时代如何变化，总是有些东西构成了人之为人的最低要求，否则人和动物就没有了差别；也总有些要素是一个社会、一个国家能够存在的必要条件，否则一个社会和国家就不成为社会和国家，而是畜群。这些最低要求和必要条件就是底线，不能轻易践踏。一旦突破，将出现无法收拾的结果。同时，大千世界，芸芸众生，我们每一个人为人处世的底线都不相同。我们做不同的事、对不同的人，会坚持不同的底线标准；在不同的情况下，做相同的事、对相同的人，也会用不同的底线标准来评判。当然，不论我们每一个人的底线多么迥异，都不能低于人之为人的“最低要求”。

兜底　　新华社发　徐骏　作

民之疾苦，国之要事，要竭尽全力，坚决把民生底线兜住兜牢。（新华社发　徐骏　作）

掌握底线的普遍性与特殊性原理，对于我们的生活、工作、学习具有重要的意义。底线的普遍性告诫我们，一定要遵守社会共同的底线。我们每一个人都生活在一定的社会关系中，要想被这个社会关系接纳，就要融入其中。这首先要求我们遵守相同的社会准则，不能坏了“规矩”。在这里，规矩是特指的法律，它就是一个社会运转的“底线”。一旦有人突破了共同的底线，他就可能被剥夺在这个社会中继续生活的权利，甚至是个人的生命。底线的特殊性告诫我们，要想和别人维持良好的人际关系，必须首先了解他人的底线，并做到不轻易触碰别人的底线。在待人接物时，我们一定要了解对方的底线，对不同的人要坚持不同的底线要求，切不可以千篇一律的僵化标准来对待每一个人、每一件事。“当着瘸子不说短话，失意人面前不提得意事”，说的就是这个道理。底线的普遍性和特殊性还告诫我们，要正确处理他人底线和自己底线之间的关系。每个人的底线都不同，了解他人的底线固然重要，但是认识到什么是自己的底线也同样重要。

随着时代的变迁，底线的具体内容也会发生改变，但是底线本身绝对不会消失。面对底线，必须时刻保持高度警惕，切不可有“浑水摸鱼”的侥幸心理。做人、从政皆是这个道理。做人的底线有很多，如遵守法律法规和社会公德、恪守职业道德、坚守家庭美德等。每个人的世界观、人生观和价值观各不相同，对待人之为人的底线也各有不同的看法，但是不论差异多大，都不能背离最基本的社会伦常，不能低于做人的起码要求。铁窗之中关着的每一个人，无不是因为践踏了社会的底线而受到惩罚的。领导干部手中掌握着人民赋予的公权力，为政、为官更应对底线有清醒的认识。对党员领导干部来说，做人从政的底线应该比普通人民大众的社会生活底线设置得更高一些。党员干部要严于律己，做政治上的“明白人”、工作上的“老实人”、作风上的“干净人”、生活上的“健康人”，严守党的政治纪律和政治规矩，不搞小团伙，杜绝山头主义，不触碰法律的红线，不践踏道德的底线，把好生活中的感情关、金钱关、兴趣爱好关，真正做到一尘不染、一身正气。党政干部一旦突破底线，必然带来腐化堕落，走向自我毁灭。周永康、徐才厚和令计划等“大老虎”，无不是因为践踏了为官从政的底线而受到法律的制裁。

二、从价值的尺度看，底线是罪恶的最后屏障

从价值的尺度看，底线是罪恶的最后屏障。在日常用法中，底线有着鲜明的道德色彩。在很多时候，“没有底线”就是罪恶的同义语。在生活中，善恶意识和美丑观念是一种价值判断，是人的价值理性或目的理性在现实生活中的表达，它指引着人按照一定的价值标准、向着一定的价值追求安排自己的生活。在人的生活中，价值系统至关重要，它表达的是人的理想追求。正是在理想的牵引下，人摆脱了单纯的肉欲的控制。在满足了吃、穿、住、行的基本生存需要之后，并没有停下来睡大觉，而是创造了丰富的精神和文化产品；甚至在生存需要得不到满足的情况下，也能从事崇高的事业。这种价值系统使人的生活具有了动物所不曾有过的意义，让人的生活具有动物所不曾有的尊严。善恶意识和美丑观念构成了人与动物的重要差别。一旦某个人善恶不分，美丑不辨，弃善从恶，舍美求丑，他就丧失了人本应具有的高贵和尊严，那么与动物并无二致。可见，能够按照价值尺度来规划自己的生活，是人之为人的重要特征。

在我们的道德判断中，善良和丑恶是一对矛盾统一体。道德上的善良和美好是没有上限的，我们的生活中并不缺少“毫不利己、专

门利人”的道德楷模，比这一层次更高的道德圣人也不是没有。对于社会的大多数而言，我们没有必要要求人人都做道德上的楷模，以遥不可及的道德标尺来衡量芸芸众生的行为。但是，我们却必须警醒，每一个人都不能践踏道德的底线。著名哲学家冯友兰先生提出，人由低至高有四种不同层次的境界：“自然境界”、“功利境界”、“道德境界”和“天地境界”。做人的境界不同，理解把握底线时的价值尺度亦有不同：对于自然境界的人来说，他的底线是，确保个人的本能正常运转；对于功利境界的人来说，他的底线是，凡有损于个人名利的都不能做；对于道德境界的人来说，他的底线是，为人处世要以利他为原则；对于天地境界的人来说，他的底线就是个人与天地相通融。一个人的境界不同，他在生活中待人接物的底线也不同。相对于道德上让人景仰的圣洁与崇高，人之为人的最低限度的道德底线显得更加重要。可以说，能否守得住道德底线是一个人的最低要求。“冰冻三尺，非一日之寒”，那些践踏道德底线的人并非从一开始就无恶不作，他们往往是由于没能把握住行为的道德边界，今日在道德底线上放松一丝要求，明天再放松一丝要求，久而久之，量变的积累突破了质变的限度，这个人就可能变得无恶不作。

底线的价值维度还有另一层含义，底线是一种行为对社会有无价值的标尺。守住底线、在底线的要求之上行动，我们的行为对于社会才具有积极的、正面的价值，才能给社会带来福利，从而获得社会的认可和回报。底线失守、在底线的要求之下行动，我们做出的行为对于社会就会只剩下负面的、消极的价值，会给社会带来创伤和破坏，最终将遭到社会的惩罚。在很多情况下，我们之所以劝诫别人不要践踏底线，是因为底线是道德最后的屏障，是善恶和美丑的分界线。行为人一旦踏破底线，他的行为就会从善良转变为丑恶。作为社会的一员，一旦在生活中丢掉道德的高地，被贴上丑恶、罪恶的标签，留给行为人的必将是众叛亲离的悲惨结局。

相关链接

冯友兰：《人生的境界》

关于人生的四种境界，冯友兰先生有过这样的解释：

一个人做事，可能只是顺着他的本能或其社会的风俗习惯。就像小孩和原始人那样，他做他所做的事，然而并无觉解，或不甚觉解。这样，他所做的事，对于他就没有意义，或很少意义。他的人生境界，就是我所说的自然境界。

一个人可能意识到他自己，为自己而做各种事。这并不意味着他必然是不道德的人。他可以做些事，其后果有利于他人，其动机则是利己的。所以他所做的各种事，对于他，有功利的意义。他的人生境界，就是我所说的功利境界。

还有的人，可能了解到社会的存在，他是社会的一员。这个社会是一个整体，他是这个整体的一部分。有这种觉解，他就为社会的利益做各种事，或如儒家所说，他做事是为了“正其义不谋其利”。他真正是有道德的人，他所做的都是符合严格的道德意义的道德行为。所以他的人生境界，是我所说的道德境界。

最后，一个人可能了解到超乎社会整体之上，还有一个更大的整体，即宇宙。有这种觉解，他就为宇宙的利益而做各种事。他了解他所做的事的意义，自觉他正在做他所做的事。这种觉解为他构成了最高的人生境界，就是我所说的天地境界。

这四种人生境界之中，自然境界、功利境界的人，是人现在就是的人；道德境界、天地境界的人，是人应该成为的人。前两者是自然的产物，后两者是精神的创造。自然境界最低，往上是功利境界，再往上是道德境界，最后是天地境界。它们之所以如此，是由于自然境界，几乎不需要觉解；功利境界、道德境界，需要较多的觉解；天地境界则需要最多的觉解。道德境界有道德价值，天地境界有超道德价值。

（冯友兰．中国哲学简史 [M]. 北京：新世界出版社，2004：298—299.）

三、从自由的尺度看，底线是自由的最低门槛

从自由的尺度看，底线是自由的最低门槛。底线是真理尺度和价值尺度的统一体，人立足于对世界“实然”状况的理解和把握，规划自身存在所能达到的“应然”状态，这就是自由，是一种“随心所欲而不逾矩”的自由。只有在底线的最低要求之上，人才能拥有这种自由。底线失守之后的结局是可怕的，在那里，每一个人的自由选择都将受到直接的威胁。在一个没有底线的社会里，每个人都无法对其他人的行为作出预期，他被不确定性包围着，承受着恐惧的煎熬，是无法享受到自由的。一百多年前，美国作家厄普顿·辛克莱在其名著《屠场》中描述了这样的场景：“食品加工车间里垃圾遍地，污水横

流。腐烂了的猪肉被搓上苏打粉去除酸臭味；毒死的老鼠被一同铲进香肠搅拌机；洗过手的水被配制成调料；工人们在肉上走来走去，随地吐痰，播下成亿的肺结核细菌……”[2]据说正是《屠场》这本书直接促使当时的美国政府下决心解决食品安全问题，使得美国当代人能够自由地享受美食，而不用担心食物安全。

这样的自由之所以弥足珍贵，是因为它是谋事创业取得成功的最重要的阶梯。底线之所以为底线，就在于一旦突破，将遭到严厉的制裁。守住底线，在底线允许的范围内施展自己的计划、目标和行动，才能消除后顾之忧，不用担心遭到毁灭性打击，从而能够放手一搏，开创新的局面，取得更大的功绩。不论在哪一个行业，只有守得住底线，才算踏入了在该行业成功的最低门槛。例如，对于一个普通人来说，一旦他突破道德和良知的底线，不及时矫正，将难逃身陷囹圄的结局；对于经商的人来说，突破诚实守信的底线，将招致破产的结局；对于从政的人而言，突破廉洁自律的底线，将断送个人的政治生命；对于一个社会而言，公平正义的底线一旦被突破，就意味着规则秩序开始失灵，如果任其发展，最后将导致社会解体。这样的人、这样的社会，都是失败的。正是因为底线确保的是社会生活正常运转的最低条件，一旦突破底线，它所引发的社会反应和心灵创伤将非常巨大。

底线，是束缚，更是防护。一种底线一旦形成，就不能轻易突破，这对行为人当然构成了束缚。但是它之所以不可突破，原因就是前人突破底线之后受到了超出预料的惩罚，只有在底线之内才能保证行动

---

2 晓德 . 我们的底线到底有多低 [N/OL]. 国际先驱导报，2011-04-20.http://www.21ccom.net/articles/zgyj/gqmq/2011/0421/34007.html

的自由。“慎在于畏小，智在于治大”，在正常情况下，底线是最低要求，只有守住了这些底线，最基本的社会关系才能建立起来，人才能享受到社会关系带来的自由空间。以社会生活为例，其中有非常多的底线。从本质上说，这些底线都是为了规范人的动物性本能，防止人类社会陷入丛林法则而制定的。经过了成百上千年的文明教化，这些底线已经深入人心，很少被触动。在一个正常运转的社会中，个人、家庭、组织、社会井井有条，一切行为、事件都四平八稳，这时很少有人会注意底线的作用。但是事实上，一个社会之所以能够井井有条，恰恰是因为社会中的每一个人和每一个组织都在它本该坚守的底线之上行动、运作。正是因为在正常的情况下，底线很少被触动，所以一个经常突破底线的人会受到鄙夷，一个经常践踏底线的组织会受到惩罚，一个经常突破底线的社会会被视为病态的社会。以此观之，当今中国到了紧要关头，到了必须“从头收拾山河”的关节点。“雄关漫道真如铁，而今迈步从头越”，在这种背景之下，重新看待习近平总书记提出的“底线思维”，其重要性和迫切性显得更加突出。

观点声音

易中天：《底线是最重要的》

人类为什么要有底线？为了生存。人，是社会的存在物。任何人，都不能一个人活在这世界上。所以，只有让别人生存，自己才能生存；让别人活得好，自己才活得好。希望所有的人都活得好，甚至为了别人的生存放弃自己的利益，这是“境界”。至少不妨碍别人的生存，不侵犯别人的利益，不破坏社会的环境，这是“底线”。其中，通过立法程序明文规定下来的，是“法律底线”；在社会生活中约定俗成，大家都共同遵守的，是“道德底线”；各行各业必须坚守的原则，比如商家不卖假货，会计不做假账，医生不开假药，是“行业底线”和“职业底线”。境界不一定人人都有或要有，底线却不能旦夕缺失。因为底线是基础，是根本，是不能再退的最后一道防线。基础不牢，地动山摇；防线失守，全盘崩溃。

中国人从来就有底线。做生意，明码实价，童叟无欺；做学问，言之有据，持之有故；做官，不夺民财，不伤无辜；做人，不卖朋友，不丧天良。正是靠着底线的坚守，中华民族虽历尽苦难，中华文明却得以延续。

（节选自易中天．底线是最重要的 [J]. 广州日报，2012—05—21（B6）.）

第二节
底线思维是着眼最坏、力争最好的思维方式

底线仅仅是底线思维的一个基本概念，它只能告诉人们底线的一些基本特征。作为一种思维方式，底线思维有着更丰富的含义。习近平总书记强调：“**要善于运用底线思维的方法，凡事从坏处准备，努力争取最好的结果，做到有备无患、遇事不慌，牢牢把握主动权。**”习近平总书记的重要讲话为我们指出了底线思维的三层含义：第一，运用底线思维的方法，其起点在于凡事要从坏处准备。从坏处准备，首先要搞清楚有哪些坏处，这需要对一件事、一种行为所处的方位做出明确的判断，运用矛盾分析法，掌握它可能造成的坏结果。第二，运用底线思维的方法，其目的是争取最好的结果。底线思维不是一种故步自封的思维方法，从坏处准备也不是要守着底线过日子。底线思维有着明确的目标，它要追求最好的结果。第三，打通最好与最坏之间的桥梁是坚守底线，做到有备无患，赢得主动权。底线思维蕴含着积极有为的态度，要求人们积极寻求合适的方法，推动目标尽快实现。

一、运用底线思维，首在确定方位，从坏处准备

顾名思义，底线思维是以底线为抓手的思维方式。底线是一件事情、一种行为从可以接受变得不可接受、从善演变为恶的分界线。以底线为抓手就是要抓住这条分界线，筑牢防范体系，阻止最坏的情形发生，解除后顾之忧。《礼记·中庸》有云："凡事预则立，不预则废。""预"就是做准备，充分估计一件事情可能引起的最坏的结果，严防死守，决不允许越"雷池"半步。唯其如此，才能防止最坏的情况发生，最终成就事业。

从坏处准备，建立严密的防范体系，是一种居安思危的人生态度。居安思危是我们的祖先早就总结出来的生存智慧。"居安思危"出自《左传·襄公十一年》："《书》曰：'居安思危'，思则有备，有备无患，敢以此规。"《左传》中记录了这样一则故事：春秋时期，有一次宋、齐、晋、卫等十二国联合出兵攻打郑国。郑国国君慌了，急忙向十二国中最大的晋国求和，得到了晋国的同意，其余十一国也就停止了进攻。郑国为了表示感谢，给晋国送去了大批礼物。晋悼公将八个歌女分赠给他的功臣魏绛。可是，魏绛谢绝了晋悼公的分赠，并且劝告晋悼公说，但愿主公在享受安乐的同时，能想到国家还有许多事情要办。《书经》上有句话说得好，"居安思危，思则有备，有备无患"。魏绛这番充满远见卓识而又语重心长的话，使晋悼公听了很受感动，高兴地接受了魏绛的意见，从此对他更加敬重。居安思危不仅是治国理政必需的谋略，也是日常生活中必不可少的智慧。《霍光传》中有这样一则故事：徐生家里的一个家仆对徐生说，前几日，家里来了一个客人，客人看

到您家炉灶的烟囱是直的，旁边还堆积着柴草，便让我告诉您，需要重新造一个弯曲的烟囱，将柴草远远地移开。不然的话，会有发生火灾的忧患。徐生没有把这件事放在心上。不久，徐生家里果然失火了。邻居们一同来救火，好不容易才把火扑灭了。于是，徐生杀牛摆酒来感谢他的邻人。被火烧伤的人在上位，其他人各自以功劳的大小依次坐，但是没有请说改烟囱移草垛的那个人。家仆就对徐生说，当初如果听了那位客人的话，就不用破费摆设酒席，更不会有火灾的忧患。现在评论功劳，邀请宾客，为什么建议"曲突徙薪"的人没有受到恩惠，而被烧伤的人却被奉为上宾呢？徐生幡然醒悟，忙去邀请那位客人。

坚守底线，建立严密的防范体系贵在谨小慎微。黄炎培在和毛泽东同志的"窑洞对话"中曾经提到这样的历史周期律："初时聚精会神，没有一事不用心，没有一人不卖力。也许那时艰难困苦，只有从万死中觅取一生。既而环境渐渐好转了，精神也就渐渐放下了。有的因为历时长久，自然地惰性发作，由少数演为多数，到风气养成，虽有大力，无法扭转，并且无法补救。"以至于最后都无法逃脱"其兴也勃焉，其亡也忽焉"的历史周期律。温水煮青蛙的故事告诉我们，人在顺境中，往往容易麻痹大意、骄傲自满，也就容易捅娄子、出问题；倒是在逆境时，由于人们能够谨慎小心，常常能平安无恙。领导干部身份特殊、手握权力，越是成长进步顺利之时，越是要保持清醒的头脑，谨小慎微、允中守直、谨慎做事，守住人生底线。面对重大政治考验，旗帜鲜明、挺身而出；面对各种诱惑干扰，立场坚定、不为所动；面对急难险重任务，勇挑重担、攻坚克难；面对歪风邪气，敢于亮剑、坚决斗争，始终坚守共产党人的精神高地，始终保持清正廉洁的政治本色。贪如火，不遏则燎原；欲如水，不遏则滔天。坚守人生底线，首先要戒贪戒欲。很多党员干部滑向罪恶的深渊，无不是从“贪”“欲”二字开始的。“山林再大，也经不住野火的焚烧；江海再深，也灌不满一只有漏洞的酒壶”，要明白“知足者富，知止者久”的道理。当官者应保持重事业、淡名利的健康心态，不为金钱所诱、不为美色所迷、不为名利所缚、不为权力所累，耐得住寂寞、经得起诱惑、顶得住人情、管得住小节，自觉做当荣之事、拒为辱之行，以实绩求进步、以品行树威信、以作为得地位。

严字当头　　新华社发　赵乃育　作

中共中央印发的《中国共产党廉洁自律准则》和《中国共产党纪律处分条例》，为全面从严治党树立了道德高线和纪律底线，备受各界关注。党建领域专家学者普遍认为，修订后的两大党规，把党的十八大以来治党管党的实践成果转化为道德和纪律要求，通篇贯穿着“全面”与“从严”两个关键词，吹响了全面从严治党新的号角，意义重大，影响深远。

（新华社发　赵乃育　作）

祸患常积于忽微。一个人、一个社会的底线被突破，往往都有一个从量变到质变的过程。对于社会来说，随着利益越来越多元化，对于以不当手段谋求自身利益最大化的行为采取冷漠的、不闻不问的态度，最终必然导致整个社会的利欲熏心、道德滑坡、人情冷漠。社会的隔膜，更加重了人与人之间的不信任，最终才有了路遇老人跌倒竟无人敢伸手相助。这不能不说是一个社会的悲凉。对于一个人，尤其是领导干部来说，从一次宴请、一个红包开始，逐渐发展到以权谋私，违法乱纪，最后贪污受贿的数额越来越大，以致积重难返成为“阶下囚”。现代社会生活越来越丰富，人际关系越来越复杂，党员领导干部面临的诱惑也越来越多，如果政治信仰不坚定、纪律约束不严格、生活作风不检点，就很难把持住自己。

二、运用底线思维，重在确定目标，争取最好结果

底线思维是一种关注矛盾转化的思维和决策过程。守住底线，把危险和危机控制在可以掌控的范围内，其目标在于推动矛盾向其对立面转化，达到最好的结果。世界上没有绝对的善，也没有绝对的恶，底线思维是一种避恶求善的思维方式。筑牢防线，避免恶果的发生，其目标是要开创美好的局面。

底线思维强调底线的重要性，因为底线失守意味着满盘皆输。但是，守住底线只是底线思维的起点，它所追求的最后目标是达到最好的结果。简单地说，目标是个人、集体在通盘考虑整个事件的基础上对其所能达到的结果的预期，它对于整个事情的进展具有统领、引导的作用。“没有伟大的愿望，就没有伟大的天才”，巴尔扎克的这句名言表明了目标对于人生、事业的重要性。伟大的人生是从树立清晰而明确的目标开始的。只有确定了明确的目标，才能确定通过什么样的路径和方法来实现这个目标。同时，明确的目标能够产生积极的心态，鞭策目标的制定者努力实现目标。

美国哲学家爱默生说：“一心向着自己目标前进的人，整个世

界都给他让路！”有了目标，就意味着对自己致力于完成的整个事情有了一个清晰的认识，行为人就可以在此基础上集中精力和资源推动目标的实现。山田本一是日本著名的马拉松运动员，他曾在1984年和1987年的国际马拉松比赛中两次夺冠。每次记者问他凭什么取得如此惊人的成绩，山田本一总是回答：“凭智慧战胜对手！”一开始，许多人都认为他是在故弄玄虚。后来，山田本一在自传中揭开了谜底，他写道：“每次比赛之前，我都要乘车把比赛的路线仔细地看一遍，并把沿途比较醒目的标志画下来，比如第一标志是银行；第二标志是一棵古怪的大树；第三标志是一座高楼……这样一直画到赛程的结束。比赛开始后，我就以百米的速度奋力地向第一个目标冲去，到达第一个目标后，我又以同样的速度向第二个目标冲去。40多公里的赛程，被我分解成几个小目标，跑起来就轻松多了。开始我把我的目标定在终点线的旗帜上，结果当我跑到十几公里的时候就疲惫不堪了，因为我被前面那段遥远的路吓到了。”山田本一的案例告诉我们，在面对宏大的目标时，我们可以做出适当的分解，以缓解每一个阶段的压力。当然，分解目标不能模糊甚至淡化了最终的目标，要时刻保持不达最后目标不罢休的斗志。

底线思维的目标在于求得最好的结果。对于什么样的结果才是最好的结果，不同的人或许有不同的看法。毫无疑问，“好”是一个价值判断，具有主观性，对于不同的人来说，什么是“好”的，什么是“坏”的，并不尽然相同，更别提什么是“最好”的了。但是这并不意味着“好”与“坏”没有了界限，无法判断什么是“最好的”了。正所谓，“人同此心，心同此理”“天不变，道亦不变”。由于人在本性上是社会的动物，只有在社会中才能生存发展下去，对于个人来说，所谓的“好”与“善”必然是增进集体、社会和人类整体的利益和福祉的。照此标准来看，通过损害公共利益的方式来谋求一己之利，就算不上好的结果。在国家的反腐压力下，为了降低违纪风险而选择不作为，也不是好的目标。确立这样的目标，最终难逃法律制裁的结果。

相关链接

第一个故事：爱丽丝和猫的对话

爱丽丝面前有个分叉路。

分叉处有一棵树。

树上有一只猫。

爱丽丝问猫：“请你告诉我，我该走哪条路？”

猫说：“那要看你想去哪里。”

爱丽丝说：“去哪儿无所谓。”

猫说：“那么走哪条路也就无所谓了。”

——摘自刘易斯·卡罗尔的《爱丽丝漫游奇境记》

这个小故事告诉我们，如果一个人没有明确的目标，不知道自己前进的方向，别人根本无法帮助你。

第二个故事：查德威克女士失利的故事

凭借着超人的体能和耐力，游泳名将费罗伦丝·查德威克女士创造了一项又一项伟大的纪录。1952年7月4日清晨，43岁的她准备创造一项新的世界纪录：从加利福尼亚海岸以西21英里的卡塔林纳岛出发，横跨中间的太平洋游回加州海岸。

那天早晨，温度很低，下了浓雾。由于视线很差，她甚至连跟随的护卫船都看不到。时间一分一秒地在流逝，15个小时之后，她又冷又累，放弃了挑战，让人拉她上了护卫船。当时，她的母亲和教练就在旁边的船上。他们都告诉她海岸线就在不远处，千万别放弃。但是，她满眼看到的只有浓雾，认为教练和母亲只是在安慰她。她登上船才发现，离加州海岸只有半英里！

后来查德威克女士回忆说，她之所以半途而废，不是因为疲劳，也不是因为寒冷，而是因为她在浓雾中看不到海岸线，最后丧失了斗志。

在查德威克女士的一生中，只有这一次没有坚持到底。

这个故事告诉我们，我们制定的目标一定要明确，能够看得见、够得着。只有这样的目标，才能成为一个有效的目标，成为前进的动力，帮助人们获得自己想要的结果。

三、运用底线思维，要确定方法，掌握主动权

守住底线是底线思维的起点，追求最好的结果是底线思维的目标。底线失守意味着满盘皆输；达不到最好的结果，同样没有完成底线思维的目标。在底线思维的起点与结果之间，存在着一段很长的路要走。要想打通起点与结果、底线与顶点之间的上升通道，必须积极

作为，掌握主动权。

积极作为，掌握主动权，首先在于一步一个脚印、步步为营，时刻保持警惕，防范于未然。底线思维是一种危机管理的思维方式，要求建立起严密的防范体系。只有守住底线，避免最坏的情况发生，才谈得上开创新局面。现实中我们不难发现，底线的突破也是很容易的。不论是为官还是做人，其底线都是一条警戒线，不能搞变通，更不能随意触碰。有些人一心只盯着最高的目标，眼里只盯着功名利禄，钻营着如何能够青云直上、步步高升，结果底线失守，落得个悲惨结局。

运用底线思维，在防范的同时，更要积极转化；从坏处准备的同时，更要向好处努力。底线思维要求认真计算风险，估算可能出现的最坏情况并欣然接受这种情况，能直面困难而后果敢行动。如果说在信息社会到来之前，守株待兔的人还能守到一只兔子，那么在今天这个信息高度透明的时代，你等待的兔子早已被别人捷足先登抓走了。此时，只有积极行动“跑”起来，才有可能抓到田里的兔子。“逆水行舟，不进则退”，安于现状只会被现状远远甩开。微软公司在招聘员工时，颇为青睐一种“聪明人”。这类“聪明人”并非在招聘时就已是某一方面的专家，而是一个积极进取的“学习快手”；一个不单纯依赖公司进行培训，而是自己主动提高自身技能的人；一个会在短时间内主动去学习更多的有关工作范围知识的人。微软认为，具有这种主动进取精神的员工，乃是企业进步不可或缺的支柱。在今天这个充满机遇和挑战的时代，主动性在工作中是非常重要的。有的人像算盘珠子，拨一拨、动一动，从来不愿动脑筋，更没有创新意识。有的人却主动找事做，还会主动处理困难的或别人不愿做的工作，并且发现问题、提出解决问题的方法。主动性强的员工在工作过程中其业绩不断得到提升，实力也不断增强，随着工作经验的不断积累，对各种问题的处理也变得越来越得心应手。要想达到理想的目标，就必须具有积极主动的品质。这种积极主动不能仅仅局限于一时一事，你还必须把它变成自己的思维方式和行为习惯。只有时时处处表现出你的主动性，才能获得机会的眷顾，并最终成就卓越。

运用底线思维追求最好结果，在发挥积极主动性的同时，还必须注重方法。方法在很多时候都不是成败的决定性因素，但是如果没有好的工作方法，往往会导致失败。尤其是对于身居领导管理岗位的党政干部而言，工作方法是极其重要的。几乎没有别的什么东西能够像工作方法这样直接而广泛地影响领导人的业绩。而且与其他事情相比，工作方法更能决定领导人的工作结果和成败。因此，在管理学中，科学家非常重视管理方法的开拓。事实上，西方社会生产力的每一次大的飞跃，背后都有生产方法的提升，从“X 理论”到“Y 理论”，从“泰勒制”到“福特制”，西方社会的生产力大发展充分展示了工作方法的重要性。在工作中，虽然良好的职业训练、足够的智慧都很重要，但如果没有适当的工作方法，它们顶多只是一些尚待开发的潜能，都将失去价值。

好的工作方法需要严格的纪律做保障。许多人不愿意按照纪律进行有条理的工作，因为他们相信，这样的工作方法不能发挥他们的创造性。这是一个广泛流传但完全错误的观点。实际上，那些真正具有创造精神的人都有严格的工作纪律，并以此来保障从事系统的工作；只有那些“冒牌”的天才，才会把创造性工作和混乱的工作方法联系起来。沃尔夫·施耐德在《冲出围困》中考察了很多伟大的历史名人，从达芬奇到托马斯·曼，从康德和巴尔扎克到舒伯特和保罗·克利。这些人的具体实例极具说服力地证明他们的工作都非常有条理，虽然他们的工作方法大不相同，但他们在工作时非常注意系统化和纪律。沃尔夫·施耐德由此得出了一个重要结论："大多数成就大事的人的日常工作都是非常辛苦乏味的。"

第三节
新时期领导干部的底线

一、领导干部作为普通人应坚守的底线

人们常说："要想当好官，首先做好人。"如果人都做不好，怎么能够做个称职的官员？领导干部，不管地位和级别有多高，都必须时刻警醒自己坚守做人的底线。做人的底线有很多，不同的人有不同的理解，但是不论怎么理解，说到底不外乎坚守道德、不作恶。在传统的社会中，道德的底线是很明确的，例如在传统社会中有着非常强的规范作用的"三纲五常""四端之心""仁义礼智信""孝悌廉耻"等。随着君臣父子、家国天下的传统秩序衰落，传统的道德底线也开始模糊，很多事情在外人看来跨越了底线，在当事人看来并没有跨越底线。但是，正如我们前文所说的，道德底线多元化的情形存在，并不能否认道德底线的存在。领导干部应该明确地坚守做人的底线，并比普通人设置得高一些。

领导干部必须守住法律的底线。法律是道德的底线，尽管整个

社会的道德底线在多元化，但是再多元，也不能低于法律的要求，否则就要接受法律的制裁，严重的还要受到刑事追究。对于领导干部来说，经受住社会底线多元化的冲击，首先一条就是守住社会上一般人的道德底线，不违法乱纪。做到不违法乱纪，有积极和消极之分。主动地提高自己的道德底线，远离法律设定的底线标准，是谓积极；无意识地按着约定俗成的行为方式生活，甚至经常在法律和道德的灰色地带活动，是谓消极。领导干部坚守做人的道德底线不能打法律的“擦边球”，也不能以自己不了解法律规定而逃避责任。领导干部必须积极地提高自己的道德水准，做到积极、主动远离道德底线。

领导干部应坚守的道德底线是很明确的，可以从个人品德、家庭美德和社会公德等三个不同的层面上掌握这些底线。个人品德是一定社会的道德原则和规范在个人思想和行为中的体现，是一个人在其道德行为整体中所表现出来的比较稳定的、一贯的道德特点和倾向。良好的个人品德是社会公德、家庭美德、职业道德的基础，有利于奠定全社会道德建设的基石，领导干部应坚守的个人品德主要包括待人友善、为人正直、明礼守信、热情诚恳、自强自立等。

社会公德主要是指人们在涉及社会公共利益的活动中或与陌生的他者相处过程中所应当遵循的道德行为准则。社会公德作为公共生活准则，是社会道德在人类社会公共生活中的特殊表现，是全民性的道德，为社会全体成员所共同遵守。在公共生活领域不断扩大、人们交往日益频繁的现代社会，社会公德具有维护公共利益、公共秩序，保持社会稳定的重要作用。领导干部应坚守的社会公德主要包括文明礼貌、助人为乐、爱护公物、保护环境、遵纪守法等。社会公德是社会道德体系的社会层面，是维护社会公共生活正常进行的最基本的道德要求。遵守社会公德，是对社会生活中每个人的最基本的道德要求。

家庭美德是每个公民在家庭生活中应该遵循的行为准则，涵盖了夫妻、长幼、邻里之间的关系。家庭生活与社会生活有着密切的联系，正确对待和处理家庭问题，共同培养和发展夫妻爱情、长幼亲情、邻里友情，不仅关系到每个家庭的美满幸福，也有利于社会的安定和谐。家庭美德的规范是调节家庭成员之间，邻里之间，家庭与国家、社会、集体之间的行为准则，也是评价人们在恋爱、婚姻、家庭、邻里交往中的行为是非善恶的标准。主要包括尊老爱幼、男女平等、夫妻和睦、勤俭持家、邻里团结。要大力倡导以尊老爱幼、男女平等、夫妻和睦、勤俭持家、邻里团结为主要内容的家庭美德，鼓励人们在家庭里做一个遵纪守法的好公民。中国传统文化讲“修齐治平”，把家庭关系放在重要的位置。在现实生活中，很多领导干部出问题都是因为身边的人尤其是家里的人出问题引发的，因此领导干部有个和睦的家庭，与夫妻子女保持良好的关系，是领导干部必须做好的事。

二、领导干部作为共产党员应坚守的底线

共产党的领导干部在很多方面不同于普通群众，是向着党旗庄严宣誓“全心全意为人民服务”的先进分子。作为共产党的一员，党组织对每一名党员都有明确的底线要求，达不到或者违背这些要求的成员是不合格的。因此，必须从组织规律的层面把握共产党组织对党员的底线要求。在最宽泛的意义上说，共产党是一个组织，各级领导干部作为组织的一员，必须坚守一个组织之为一个组织的底线：共同

的思想理论和共同的组织原则。由此引申出来的是，领导干部作为共产党员必须坚守相应的思想理论底线和组织原则底线。

领导干部要坚守的思想理论底线，可以从三个层次上把握。首先，各级领导干部必须坚定共产主义的理想信念。共产党的领导干部不坚定共产主义的理想信念，“不信马列信鬼神”，还是一名合格的共产党员吗？一个不合格的共产党员，有什么资格做领导干部？习近平总书记强调：“理想信念就是共产党人精神上的‘钙’，没有理想信念，理想信念不坚定，精神上就会‘缺钙’，就会得‘软骨病’。”这样的领导干部是不能委以重任的，否则早晚要出问题。其次，各级领导干部必须坚持党在社会主义初级阶段的基本路线。党在社会主义初级阶段的基本路线是，“领导和团结全国各族人民，以经济建设为中心，坚持四项基本原则，坚持改革开放，自力更生，艰苦创业，为把我国建设成为富强、民主、文明、和谐的社会主义现代化国家而奋斗”。这条基本路线是我们党经过艰苦卓绝的探索才确定下来的，在我国现在处于并将长期处于社会主义初级阶段的基本国情之下，各级领导干部的思想认识必须统一到党的基本路线上来，齐心协力为实现国家的现代化而奋斗。最后，各级领导干部必须认同党的指导思想。我们党是以马列主义、毛泽东思想、邓小平理论、三个代表重要思想、科学发展观和习近平总书记系列重要讲话精神为指导思想的政党。我们党之所以充满了战斗力，能够在社会主义建设的征程中取得伟大的成就，关键在于指导思想明确，而且全党思想高度统一。在新的历史起点上，全党上下必须把思想统一在习近平总书记重要讲话精神上，为全面建成小康社会，实现中华民族伟大复兴的中国梦贡献力量。重视党的思想建设，是我们党的优良传统，是我们党对马克思主义建党学说的一个创造性发展，是我们党能够保持工人阶级先锋队性质、不断提高战斗力的重要保证和基本经验。各级党员领导干部，必须继承并发扬这一优良传统。

党的各级领导干部必须坚守组织原则的底线。统一思想是统一行动的前提，统一行动是统一思想的目的。我们党的战斗力不仅来自于思想上的统一，而且来自于行动上的统一。在一个组织的内部，如果其成员无组织、无纪律、行动懒散，那么这个组织就很难成其为一个组织。如果这样的事发生在共产党员中间，整个党将不成其为一个党。就此而言，每一个共产党员都必须在思想上行动上与党中央保持高度一致。行动上的统一需要一系列的组织原则作为保障，中国共产党最为根本的组织原则就是民主集中制的原则。民主集中制既是党的根本组织原则，也是群众路线在党的生活中的运用。它的含义是，民主基础上的集中和集中指导下的民主。我国宪法明确规定，中华人民共和国的国家机构实行民主集中制的原则。习近平总书记指出：“民主集中制是我们党的根本组织制度和领导制度，是科学的合理的有效率的制度，是我们党最大的制度优势。”民主与集中的关系，不仅关乎各级党组织的生机活力，而且关乎各级政权效能的发挥和社会主义制度优越性的发挥。

在《党章》中，对民主集中制的内容作出了规定，其中包括六条基本原则：“党员个人服从党的组织，少数服从多数，下级组织服从上级组织，全党各个组织和全体党员服从党的全国代表大会和中央委员会；党的各级领导机关，除它们派出的代表机关和在非党组织中的党组外，都由选举产生；党的最高领导机关，是党的全国代表大会和它所产生的中央委员会；党的上级组织经常听取下级组织和党员群众的意见，及时解决他们提出的问题；党的各级委员会实行集体领导和个人分工负责相结合的制度；党禁止任何形式的个人崇拜。”在民主集中制的基本原则中，“服从”是一个重复率最高的词汇。服从是团结力量、凝心聚气的重要举措。领导干部作为一名共产党员，从加入共产党组织的那一天起，就承担起了党的历史使命。完成党的历史使命，不是“请客吃饭”，需要付出艰苦卓绝的努力，在必要的时候甚至要准备好牺牲自己。因此作为一名党员，必须学会服从，通过一级对一级的服从，把全党的力量拧成一股绳，干成大事业。但是下级对上级的服从不能建立在个人崇拜的基础之上，个人崇拜式的服从不仅不能发挥党员群众的积极性，甚至会给社会主义事业带来巨大的风险。下级对上级的服从是建立在民主基础上的，上级在充分听取下级意见的基础上，形成决策，推广执行，如此一来，才能真正发挥党组织的战斗力。各级党员干部作为一名普通党员，必须坚持的组织原则底线就是矢志不移地坚持民主集中制。

三、领导干部作为“关键少数”应坚守的底线

领导干部作为党的执政骨干，是我党的“关键少数”。他们手中握有人民授予的公权力，在权力观、政绩观、价值观上必须要坚守住底线，否则不仅无法承担起执政党的历史任务，而且难免腐化堕落、遗憾终生。共产党不是普通的党，它是中国唯一的执政党，并且在未来的很长一段时期内都是唯一的执政党。领导干部作为党的执政骨干，

手中握有公权力，掌握着大量的社会资源。权力是一把“双刃剑”，它既可以造福于人民群众，也可能加害于人民群众。领导干部在对权力的认识上、在如何利用权力创造政绩上，必须坚守住底线。在权力观和政绩观上能否守住底线关键在价值观上能否守住底线。

领导干部必须坚守权力来自于人民的权力观底线。权力观包括三方面内涵：一是对权力来源的认识，二是对权力性质的认识，三是对如何运用权力的认识。其中最根本的是对权力来源的认识。各级党政干部如果不能正确认识权力的来源，就不可能正确地理解权力的性质，也不可能正确地使用权力。权力源于民众以及主权在民的思想，是现代民主政治的基石。在现代的民主社会中，权力来源于法律，法律是人民与政府之间的契约，人民通过法律途径赋予执政者以权力。中国共产党作为一个执政党，它的权力只有一个来源，那就是人民群众。在中国的政治构架中，全国人民代表大会是最高的权力机关，人民通过选举自己的代表召开全国代表大会，在大会上以法律的形式赋予执政者以权力。现实社会中存在少数领导干部烧香拜佛、卖官鬻爵、跑官要官和漠视百姓等社会现象，从理论上说，都是对权力来源认识扭曲的不同反映。对权力的来源和性质认识模糊，何谈正确地行使权力？纵览我国现阶段形形色色的腐败案件，其中的涉案干部都是由于权力观出了问题，没有正确行使手中权力，最终不仅危害了党的形象和社会公众的利益，而且葬送了自己的政治前途乃至生命。

领导干部必须坚守为人民创造政绩的政绩观底线。政绩观的内涵主要包括：第一，为谁创造政绩；第二，怎样创造政绩；第三，创造什么样的政绩。其中，最为重要的是为谁创造政绩。解决了为谁创造政绩的问题，也就解决了如何创造政绩和怎样创造政绩的问题。为谁创造政绩反映了领导干部对权力来源的认识，怎样创造政绩和创造什么样的政绩反映了领导干部对权力和如何使用权力的认识。既然人民群众通过人民大表大会制度立法授权是各级领导干部手中权力的唯一来源，那么各级领导干部在运用权力的过程中，唯一正确的态度就是利用手中的权力为人民群众创造政绩。现阶段，在一些领导干部中存在政绩观扭曲的现象，例如，有的地方为了完成绿化任务，用绿色油漆涂满山坡；有些地方为了维持基本农田，把整条高速公路用泥土覆盖，并在上面种植农作物；有些地方为了完成扶贫的指标，在贫困农村的四周围上扶贫墙；等等。这些现象之所以会出现，无一不是临时准备的“政绩工程”。建设这样的“政绩工程”，无非是为了应付上级领导检查工作，反映了一部分领导干部“唯上”的政绩观。殊不知，这种做法严重影响了党和政府在人民群众中的形象和公信力，这样的领导干部并不是合格的领导干部。

领导干部必须坚守“人民利益至上”的价值观底线。价值观是一个表达主体对于客体有无价值、价值大小判断的概念，共产党人的价值观，简单地说，就是指什么对于共产党人而言具有价值乃至最高的价值。习近平总书记一句朴实的话道出了这个问题的答案：“人民群众对美好生活的向往就是我们的奋斗目标。”对于共产党人，具有最高价值的就是人民。这是由党和人民群众的关系决定的。在1956年党的八大会议上，邓小平在《关于修改党的章程的报告》中明确指出:“同资产阶级的政党相反，工人阶级的政党不是把人民群众当作自己的工具，而是自觉地认定自己是人民群众在特定的历史时期为完成特

托底　　新华社发　商海春　作

习近平总书记在中央财经领导小组第十一次会议上强调，社会政策要托底，就是要守住民生底线，做好就业和社会保障工作，切实保障群众基本生活。发展为了人民、发展依靠人民、发展成果由人民共享。改革发展搞得成功不成功，最终的判断标准是人民是不是共同享受到了改革发展成果。因此，切实保障群众基本生活，是今后加强经济结构性改革必须坚守的底线。（新华社发　商海春　作）

定的历史任务的一种工具。” 政党是人民的工具，还是人民是政党的工具，这决定着政党和人民群众形成什么样的党群关系。中国的谚语中讲“水能载舟，亦能覆舟”，现代的政治宣传中讲“人心向背关系党的生死存亡”，在这些命题的背后隐含着一个重大问题：党和人民究竟谁是主体，谁为谁所用。领导干部手中掌握着权力，究竟是为一己谋私利，还是真正替人民办事？毛泽东同志和黄炎培先生在“窑洞对话”中曾提出了以民主跳出“历史周期律”的重要观点。民主，就其最朴素的含义来说，就是人民当家做主，人民是国家的主人，政党是人民管理自家事务的帮手。按照民主的政治逻辑，国家的权力属于人民。人民通过宪法法律制度的有效实行，规定并保障公民定期选举，将权力委托执政党产生政府，由政府行使国家权力为人民群众服务，由人民群众行使民主权利监督政府，从而使掌握权力的领导干部不敢恣意妄为。这样的社会才能永远保持正常有序运转，不致陷入人亡政息。正如毛泽东同志所言，“人民、只有人民，才是创造世界历史的动力”。我国人民民主专政的国体也是为了发挥人民作为国家主人的主体性地位，进而实现国家的长治久安。各级领导干部只有守住“人民利益至上”的价值观底线，才能在权力观、政绩观上不犯错误，用好手中的权力，创造出真正的政绩。

第二章

底线思维是转型社会的执政屏障

底线思维是一种重要的思维方式，在中国社会转型中起到重要的屏障作用。底线思维，是“有守”和“有为”的有机统一。凡事从坏处准备，努力争取最好的结果，我们就能从底线出发，不断逼近顶点，让改革“蹄疾而步稳”，发展更上一层楼。坚持底线思维不仅可以推动国家现代化的进展，更重要的是，在社会转型、矛盾凸显、风险多发的时期，有底线思维保驾护航，能够平稳渡过难关险隘，实现社会的成功转型，构建起良好的社会秩序和稳固的社会结构。

第一节
社会转型与中国的现代化

中国的社会转型是随着中国现代化的历史进程而展开和推进的。中国的现代化是在东西方文明交汇碰撞而彼此力量对比已经出现颠覆性转变的历史背景下展开的。因此，中国的现代化是一种外生的现代化，是在西方文明的压迫下、中华民族面临亡国灭种的危机而寻求生机的过程。这种现代化的过程打破了传统的社会结构和经济模式，推动着我国逐步实现社会转型。

一、社会转型是实现国家现代化的必然结果

汉代以来，中华民族虽多次遭受外敌侵扰，但大体上维持了文化的认同和文明的传承，并在此基础上创造出辉煌灿烂的农业文明。英国学者李约瑟在《中国科学技术史》中提出：在 15 世纪之前，中国在科学技术方面的发明和发现“往往超过同时代的欧洲”，在 10

多个世纪里，中国“保持一个西方所望尘莫及的科学知识水平”。[1] 到了康乾盛世，清王朝经过几代皇帝励精图治，国泰民安，中国的人口占到世界的 1/3，经济总量也大体占到世界的 1/3，到处呈现出江山永固的景象。但这不过是落日的辉煌罢了。短短数十年之后，从地球另一端远道而来的几艘铁甲战舰就把以“天朝上国”自诩的大清帝国打得一败涂地。

为什么一个在世界上领先了数个世纪的民族，最后落得如此下场？西方一些历史学家往往把 15 世纪、16 世纪作为世界历史发展的转折点，他们认为在此之前是中国影响着世界发展的进程，此后则是欧美国家影响着世界历史。随着文艺复兴和启蒙运动的进程，西方人的思想迎来了一次大解放，而同时期的中国人依旧沉浸在封建皇权所赐予的浩荡皇恩之中。当西方国家趁着工业革命狂飙突进之际，中国依旧在小农经济的泥潭里踽踽不前。随着时间的积累，中华民族早已成了泥足巨人，当太平洋的战舰裹挟着狂风暴雨而来，它轰然倒塌只是时间早晚的问题。1840 年，以中英两国为代表的东西方文明相遇，中国不堪一击。从那以后，国人不是没有做过抗争，但每一次抗争都被敌人的坚船利炮击溃。甚至号称“亚洲第一舰队”的北洋水师连日本舰队的筋骨都没能撼动，就灰飞烟灭了。

中国现代化的历程就是在这种背景之下开启的，它最早表现为“鸦片战争”之后中国的仁人志士开眼看世界，提出向西方学习的主张。中国近代早期的现代化历程，大体可以分为三个阶段。

---

1 李约瑟：中国科学技术史 [M]. 第一卷第 1 分册 . 韩北忠译 . 北京：科学出版社，1975：3.

第一阶段是“洋务运动”时期，中国的先进地主阶级为保卫皇权，先后提出了“师夷长技以自强”和“师夷长技以制夷”的主张，开办军用和民用的工厂，学习西方的技术，以求提振国力。随着北洋水师全军覆没，这场兴师动众的“洋务运动”最终也“寿终正寝”。第二阶段是“戊戌变法”时期，中国的资产阶级改良派认识到，单纯引进西方的技术而不改变中国的政治制度不可能扭转中国与西方国家的国力对比。但同时又没有勇气废除封建帝制，于是尝试着推行与西方相似的“君主立宪制度”，但这种尝试同样因为慈禧太后的反对而失败。第三阶段以“辛亥革命”为标志，资产阶级革命派通过暴力革命的方式，颠覆了统治中国2000多年之久的封建帝制。但终因无力解决地方军阀割据和外部势力的绑架，而一次又一次把全民族带到战争的灾难当中，因此，中国的现代化最终成了一句空话。

中国共产党成立之初就以实现国家的现代化为己任。我党的早期领导人清醒地认识到，中国的现代化是在半殖民地半封建社会的基本国情之下展开的，因此必须对外反对帝国主义，对内反对封建主义，争取民族独立和国家统一。这是中国近代早期现代化的血泪历程已经证实的结论。其中的原因是，只有争取民族独立、摆脱帝国主义的压迫，中国的现代化历程才能由自己主宰，中国才能与其他国家建立起平等关系，从而在经济、政治和文化的交往交流中建立起互利的关系。只有推翻封建主义，实现阶级解放，中国的现代化才是人民群众自己解放自己的事业，才是关乎每一个国人切身命运的事件，而不再是对某个家族统治的愚忠，中国的现代化才能有活力、有动力。早在 1939 年，毛泽东在《中国革命和中国共产党》一文中就指出，中国革命有双重任务：一为“对外推翻帝国主义压迫的民族革命”，二为“对内推翻地主压迫的民主革命”[2]。实现民族解放和阶级解放，可以视为中国共产党人为了实现中国的现代化，而涤荡所有阻碍现代化进程的因素，为现代化铺平道路所做的努力。

在世界历史的范围内，一个民族盛极而衰、跌宕起伏的发展道路并不罕见。在以欧美国家为代表的现代文明强势崛起的背景之下，印度、埃及、伊拉克等曾经的“文明古国”无不是在夹缝中求得生存。相较于其他国家，中国的现代化历程虽然也是一部鲜血染红的历史，但是由于我们靠着不屈的抗争在1949年建立了人民民主专政的政权，实现了民族解放和国家的独立，中国的现代化相比于其他后发国家有了更加坚固的基础。

回顾 1949 年以来的发展历程，中国的社会主义现代化历程可以分为两个阶段：1949—1978 年间，中国共产党依据“苏联模式”进行的现代化尝试；1978 年以来，中国共产党在“中国特色社会主义”的大旗下加速推进中国现代化。由于缺少执政经验，并置身于美苏对峙的世界格局之中，在刚刚夺取政权之后，中国共产党选择了“一边倒”的外交政策，由此带来的是中国的国家治理模式也全面学习苏联的治国经验。纯而又纯的公有制和计划经济有利于集中国家力量完成重工业和基础设施建设，在一段时期内对于我国国民经济的复苏起到

---

2 毛泽东选集 [M]. 第 2 卷 . 北京：人民出版社，1991：637.

了至关重要的作用。随着经济的发展，统得过紧过死的计划经济体制越来越不适应经济发展的需要。1978 年以来，以邓小平同志为代表的中国共产党人毅然挣脱对“社会主义”的传统的狭隘理解，摆脱了“以阶级斗争为纲”的路线，把经济建设确立为工作的重心，从此掀开了中国现代化的新局面。经过 30 多年的高速现代化，中国的面貌发生了翻天覆地的变化，中国社会正在经历着重要的转型。

二、当代中国社会转型的基本内容

“社会转型”（social transformation）一词来自西方社会学的现代化理论，是社会学家基于生物学领域的“转型”（transformation）概念创造的词汇。在生物学中，“转型”是指生物物种间的变异。西方社会学家借用这个概念来描述社会结构具有进化意义的转换和变化，说明传统社会向现代社会的转换。台湾社会学家范明哲是最早从英文引入“社会转型”概念的学者，他在《社会发展理论》中，把“social transformation”直接译为“社会转型”，并认为“发展就是由传统社会走向现代化社会的一种社会转型与成长过程”[3]。作为 1978 年以来中国社会面临的一个重要事实，“社会转型”已成为学者们研究的热点问题。在《改革开放三十年：社会发展理论和社会转型理论》中，郑杭生教授从传统与现代的角度对社会转型做出如下定义，“第一，社会转型，是一个有特定含义的社会学术语，意指社会从传统型向现代型的转变，或者说由传统社会向现代社会转型的过程。说详细一点，

3 蔡明哲 . 社会发展理论 [M]. 台北：台湾巨流图书公司，1988：112.

就是从农业的、乡村的、封闭的半封闭的传统社会，向工业的、城镇的、开放的现代型社会的转型，着重强调的是社会结构的转型。在这个意义上，它和社会现代化是重合的，几乎是同义的。第二，中国的社会转型，是中国的社会生活和组织模式从传统走向现代、迈向更加现代和更新现代的过程。”[4]

中国的现代化历程包含着深刻的社会转型。社会结构转型是社会转型的重要内容，如果离开了社会结构上的变动，社会转型很难称为社会转型。孙立平教授就曾把中国改革开放所引起的社会变迁概括为总体性的结构转型，认为改革开放以来，中国社会结构最基本的变化就是由总体性社会向分化性社会转变。具体表现为：第一，由农业社会向工业社会转型，这是社会转型的基础性内容，也是其他转型出现的前提。农业社会的基本特点在于自给自足的小农经济，生产效率低下，生产方式和生产内容极其简单。工业社会的基本特征则是工业化大生产，效率高，流程复杂。第二，由乡村社会向城市社会转化，工业化的进程直接导致了人类历史上的城市化，这一过程极大地改变了人们的生活方式。工业发展向心积聚的特点最终使得农村荒废，城市兴起。工业化进程的推进也是城市不断增多和扩大的过程。第三，从封闭社会向开放社会的转型。小农经济最大的特点就是自给自足，每个乡村都能独立完成所有人从生到死所需的一切产品，可以老死不相往来。工业社会出现了产品的大量堆积，人们必须通过交换来购买自己所需的物品，同时城市化的过程又大大降低了这一过程的成本，人们之间的交往和交换带来了社会的开放。

4 郑杭生．改革开放三十年：社会发展理论和社会转型理论 [J]. 中国社会科学，2009（2）：10—19.

“改革开放以后的 20 年，随着以现代化建设为中心基调的逐渐确立，随着市场经济体制的逐渐形成，中国的社会转型就总体而言进入了一个正常、快速和健康的推进时期。”[5] 回顾改革开放以来的历程，中国社会结构转型的方向正确，中国正在逐步摆脱传统的农业社会，建立一个现代化的发达工业社会，其中伴随着中国举世震惊的城市化进程和整个社会从一元到多元、从封闭到开放的转变。

上述社会结构变化的一个重要结果是，国家与社会在一些领域逐步分离，在另一些领域出现更加有机的团结。“改革前，中国是一个总体性社会，国家对几乎全部的重要稀缺资源进行垄断，这种资源不仅包括物质财富，也包括人们谋生和发展的机会及信息资源。国家对经济及各种社会资源实行全面的垄断，政治、经济和意识形态三个中心高度重叠，国家政权对社会实行全面控制。”在改革过程中，“国家与社会间的结构出现分化。首先，国家对社会的控制范围在缩小、控制的力度在减弱、控制的方式在变化、控制手段的规范性也在加强。其次，相对独立的社会力量的形成。其中，最重要的是相对独立的经济力量的形成。例如，私营企业主、较有实力的个体户、乡镇企业的管理者、‘三资’企业的中方管理人员的形成与壮大”。同时，社会发展壮大，成为社会资源和就业机会的独立来源。“改革以来，社会正在成为一个与国家相并列的提供资源和机会的源泉，并且这种资源机会的提供和交换，是在市场中进行的。改革中，国家对资源垄断的范围的缩小和力度的减弱，使得一部分资源不同程度地从国家的垄断

5 吴忠民 . 20 世纪中国社会转型的基本特征分析 [J]. 学海，2003（3）：98—104.

中游离出来，进入社会或市场。"[6] 这一系列变化在很大程度上改变了社会与国家的关系，社会从国家的控制中独立出来。

为了实现中国社会从传统向现代的转型，顺利完成中国从传统的农业国向现代化的工业国的过渡，在经济制度层面，必须实现从小农经济和计划经济向市场经济的转变。在 1949 年借鉴苏联模式以来，中国国家经济层面的小农经济已经消失，全面学习的是苏联的"计划经济"；但是在社会层面尤其是广大农村地区，小农经济的色彩依旧很重。历史已经证明，小农经济和计划经济都是效率十分低下的资源配置方式，不足以支撑中国的现代化转型，必须采纳市场经济。与世界上其他国家的社会转型不同，中国的社会转型的特殊性在于，"社会结构转型和经济体制转轨同时并进，相互交叉，形成相互推动的趋势"。郑杭生教授指出，"两个转换包含着不完全相同的传统和现代关系的内容，不能把它们完全等同起来"，因为"中国的社会结构确实是从一种传统型结构向现代型结构的转型，而相对于结构转型来说，中国的体制转轨并非是从一种传统体制向另一种现代体制的过渡，而是从一种缺乏效率的现代体制向另一种更有效率的现代体制转变"。[7]

在以政治制度为主要内容的社会治理方式上，中国的社会转型表现为，"由权力社会走向能力社会，由人治社会走向法治社会，

6 孙立平，王汉生，王思斌等 . 改革以来中国社会结构的变迁 [J]. 中国社会科学，1994（2）：47—62.
7 郑杭生 . 改革开放三十年：社会发展理论和社会转型理论 [J]. 中国社会科学，2009（2）：10—19.

由人情社会走向理性社会，由依附社会走向自立社会，由身份社会走向实力社会，由注重先天给定社会走向注重后天努力社会，由一元社会走向多样化社会，由人的依赖社会走向物的依赖社会，由静态社会走向流动社会，由国家社会走向市民社会”[8]。在传统的农业社会，家长制为封建王权思想提供了天然的土壤，“普天之下，莫非王土；率土之滨，莫非王臣”，每一个普通的人都是君主的子民，权力社会的色彩极其明显。一个农业生产占据着最重要地位的国家，“家长制”“个人崇拜”等封建思想很难根绝。而在工业社会中，每个人都是市场经济的平等参与者，家长制的土壤没有了，每个人必须按自给能力的大小从社会中获取自己的报偿。与小农经济的家长制相适应，家长、君王同样被视为道德楷模，以“三纲五常”为表现的“德治”规范着人们的日常生活。与从计划经济向市场经济的转轨相适应，以人治为主要内容的传统治理方式不再适应社会的需要，必须从人治转向法治，为市场主体提供交易的准绳。人与人之间的人身依附关系被打破，每个人都能独立自主地安排自己的命运。但是市场经济所实现的并不是人与人之间的完全独立，每个人都必须在市场上交换到自己需要的商品，从而维持自身的生活，并通过交换关系维持自身的独立自主。

当然，除了社会结构转型、经济体制转轨和社会治理方式转变这三方面之外，中国的社会转型还有更加丰富的内容，例如，随着计划经济的解体，曾经作为重要社会单元的“单位制”正在逐步消失，

8 韩庆祥．当代中国的社会转型 [J]. 现代哲学，2002（3）：27—35。

由于种种原因，新的社会组织没能跟上时代的脚步迅速成立，由此带来了社会认同的危机。同时，市场经济的确立，带来了利益主体的多元化，在改革开放的大背景下，西方的思想观念进入国内，由此造成人民的思想认识多元化，带来了主流意识形态式微的危机等。

三、中国社会转型的基本特点

中国作为一个具有古老文化传统的东方国家，在西方近代文明的直接冲击下，经济、政治和文化发生了很大变化。在世界现代化潮流中，中国的传统文明与西方近代文明相融合，并在本民族文化精神的支配下，以自己特有的方式走上了独具特色的现代化发展道路。中国的现代化是在工业化过程中，与工业化相伴随的政治、经济和文化等方面的转变，是从传统社会向现代化社会转变。中国的现代化有其自身的鲜明特点。

第一，中国社会转型所承载的封建主义包袱尤为沉重。我们常常引以为傲地说，中华民族有着5000多年的悠久文明史。确实，与世界上其他的文明古国相比，中国的最大不同在于，我们的文化传承没有因为民族的衰落而中断。这个特殊的历史特征是中华民族实现现代化转型的强大精神动力，因为它为我们提供了强烈的“复兴”愿望，支撑着无数的中华儿女矢志不移地为振兴中华而努力，孜孜不倦地探索着救亡图存的道路，纵然为复兴中华而抛头颅、洒热血也在所不惜。但是，中国自身的社会沉疴和历史负荷构成了中国现代化转型的羁绊，封建主义根深蒂固的影响不仅会以一种有意识的方式破坏国家的现代化，同时还常常以一种无意识的方式阻挠社会的转型事业。例如，李培林教授就曾指出，“一方面从农业社会向工业社会的转型中，旧的伦理人情关系和新的法律契约关系在交叉着发挥作用，另一方面又由于没有首尾一贯的逻辑而相互抵消着‘有效性’，从而出现了一些规范的‘断裂点’和‘真空地带’”[9]。

第二，中国社会转型是一个社会结构转型和经济体制转轨齐头并进的过程。郑杭生教授指出，“从 1978 年以来，中国的社会转型进入了一个新的阶段，具有了以往不曾具有的特点。其中一个最明显的特点就是，在经济体制改革的带动下，社会结构转型和经济体制转轨两者同时并进、相互交叉，形成相互推动的趋势。用世界的眼光看，这在其他发展中国家的现代化过程中是很少见的”[10]。在苏东剧变之后，东欧国家也面临着转型，最主要的关注点是如何实现国有资产的私有化。在要不要私有化这个问题上，社会各界很容易达成共识，但是在如何进行私有化这一问题上往往陷入持久的讨论协商中。中东欧国家的私有化无一不是经过各方利益集团参与反复讨价还价的谈判过程，安排了周密计划来处理国有资产的私有化。与之前我们所了解的“休克疗法”不同，除了东德是在统一背景下由西德出巨资将一切摆平化解，其他各国的私有化都经过了一个漫长而复杂的过程。在东欧各国，不仅私有化立法要经过左右派争论、议会辩论乃至全民公决，立法之后私有化的具体实施也十分复杂。许多企业要进行私有化，光谈判过程就需要经历很长时间，尤其是与工会的谈判更为艰巨，罗马尼亚的日乌河谷煤矿就谈了 12 年。与这些国家不同，中国在从高度

---

9 李培林 . 再论“另一只看不见的手”[J]. 社会学研究，1994（1）：11—18.

10 郑杭生 . 改革开放三十年：社会发展理论和社会转型理论 [J]. 中国社会科学，2009（2）：10—19.

集中的计划经济体制向新型的市场经济体制的转轨过程中，两种运行机制的并存导致经常发生短兵相接，形成体制摩擦和冲突，从而使市场调节犹如失去支点的杠杆和困在笼子里的鸟，而政府干预又不得不受到“上有政策，下有对策”的压力而最后“软着陆”。在这种情况下，由家庭经济体系的重建、企业组织的创新、社会网络的变动所形成的结构力量更为显著地发挥了资源配置的替代作用，成为促进资源合理配置和影响社会发展实际进程的“另一只看不见的手”[11]。

第三，中国社会转型具有“时空压缩”的特点。“时空压缩”是美国马克思主义研究者哈维（David Harvey）提出的理论。这一概念说的是，“现代性改变了时间与空间的表现形式，并进而改变了我们经历与体验时间和空间的方式。而由现代性促进的‘时空压缩’过程，在后现代时期已被大大加速，迈向‘时空压缩’的强化阶段”[12]。哈维提出的时空压缩理论对于认识我国的社会转型历程非常合适。从英国的工业革命算起，欧美发达国家的现代化社会转型经历了三个世纪才从传统社会转变为现代社会。我国的现代化真正起步，也就是1978年改革开放以来的事。中国在30多年的时间里，正在努力实现从传统社会到现代社会的跨越，把中国从一个农业国建设为一个现代化的工业国，从传统的小农经济和计划经济的资源配置方式转轨到市场在资源配置中起决定性作用，从一个封闭的、落后的、贫穷的国家

11 李培林.再论“另一只看不见的手”[J].社会学研究，1994（1）：11—18.
12 郭庆松.“时空压缩”下的现代化发展模式[N/OL].文汇报，2008 - 10 - 27.http://www.envir.gov.cn/info/2008/10/1027289.htm

转型为一个开放的、先进的、富强的国家，从一个人格依附型的社会转变为一个人格独立型的社会，等等。无论从国土面积、人口基数、人口素质，还是从转型任务等任何一个方面来看，中国的社会转型所要面对的问题都比西方国家更为繁重。在中国这片国土之上，前现代的、现代的、后现代的事物和思想同时并存，压缩到了中国 30 多年的发展历程中，就是中国社会转型的“时空压缩”特征。改革开放 30 多年来，我国取得了巨大的成就，但存在的问题也十分惊人，所有这一切都可以在“时空压缩”的背景之下得到解释。中国的现代化建设用 30 多年的时间完成了西方国家 300 年完成的任务，成就不可谓不巨大，这些成就是“时空压缩”的外在表现。中国社会转型的“时空压缩”特征是在“后发国家”的大背景下取得的。中国充分利用了“后发优势”，借鉴西方国家现代化历程的技术和经验，迎头而上。正是因为中国的现代化是在西方国家已经实现现代化的基础之上展开的，中国的现代化速度才能达到如此惊人的程度。“时空压缩”的正面意义在中国的现代化历程中充分展示了出来。但是，任何事物都有其两面性，在“时空压缩”带来积极的正面效果的同时，也带来了很多的消极问题。从消极方面来看中国的现代化，它也意味着，西方国家用 300 年才解决的问题需要中国在 30 多年的时间内解决掉。如此多的问题在一个相对短的时间内集中爆发，我们的改革开放、现代化建设和社会转型所面对的挑战比西方国家要艰巨得多。中国社会所面临的风险和危机也是前所未有的。甚至可以毫不夸张地说，稍有不慎，便可能粉身碎骨。站在这个高度看待中国的改革开放，立足于这样的视野来审视中国的现代化转型，我们才能更好地理解习近平总书记提出的“底线思维”。越是在风险高发、危机四伏的大变革时期，个人、组织、政党和国家越是需要守住底线，筑牢防线。在防止触发灾难性后果的基础之上，才能谈得上开拓创新。

第二节
转型社会带来的风险

中国的社会转型主要表现为结构转型与体制转型。其中，不仅要完成从传统农业社会向现代工业社会的结构转型，还要进行计划经济向市场经济的体制转轨。在经济目标成为社会运行的支配目标的同时，政治行政系统日益偏离原有的社会管制轨道，更多的是指向市场、服务社会。社会主义现代化的转型，打破了中国传统社会的平衡状态，新的平衡在一定时期内还没有建立起来。致使各种社会风险在不同地区、不同群体、不同行业中积聚。德国社会学家乌尔里希·贝克在《风险社会》中指出，“在现代化进程中，生产力的指数式增长，使危险和潜在威胁的释放达到一个我们前所未有的程度”。[13] 随着中国现代化进程和社会转型的加快，中国已经步入一个高风险的社会，面临的社会风险日益增多。就宏观层面而言，由于中国的社会转型具有“时空压缩”的特点，前现代的、现代的、后现代的社会风险在中国集中

13 乌尔里希·贝克 . 风险社会 [M]. 何博闻译 . 南京：译林出版社，2004：15.

出现。具体说来，前现代社会的传统风险包括自然灾害、传染病等依然对人们的生产、生活和社会安全构成威胁；现代化进程中不断加剧的失业问题、诚信危机、安全事故等风险有高发势头；同时，在高度全球化的现代社会，风险早已超越了国家疆界，如国际金融风险、环境污染、核爆危机等随时可能对我们的安全造成威胁；不仅如此，后现代的多元主义、解构主义也可能引发社会的不安定。如果不仔细甄别并了解这些风险，势必影响我们应对风险的能力。

一、在经济层面，区域城乡贫富差距拉大

十一届三中全会后，中国的社会主义现代化建设进入一个新的历史时期，中国的现代化和社会转型也步入了快车道，取得了举世

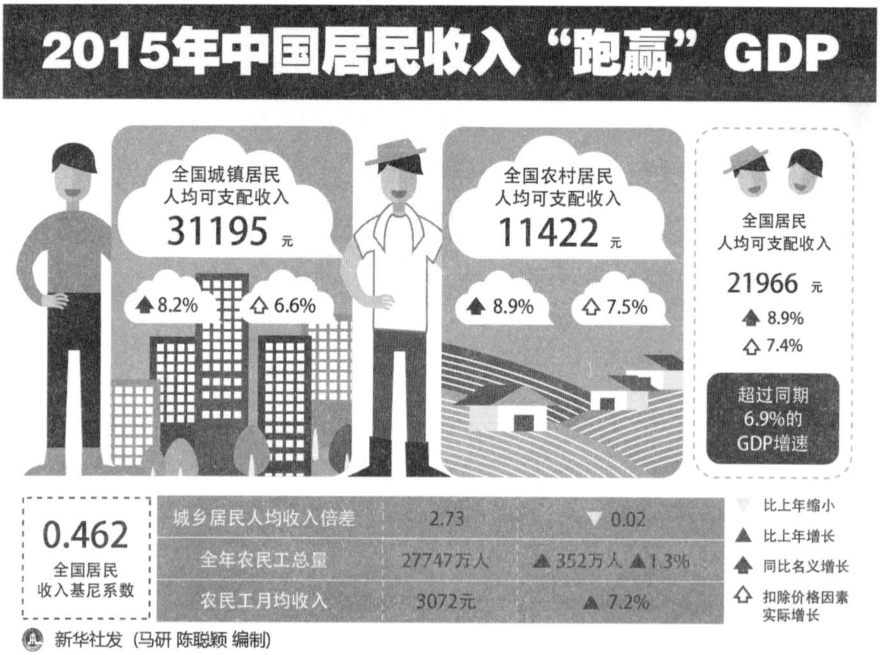

2015 年中国居民收入“跑赢”GDP　　（新华社发　马研　陈聪颖　制图）

瞩目的成就。回过头来看，取得的成绩固然是主要的，但也存在不少问题。这些问题首先体现在经济层面。回顾改革开放以来的历程，中国之所以能够快速腾飞，就在于我们党摆脱了对社会主义的僵化理解，消除了“社会主义”就是“平均主义”的误解，而把“最终实现共同富裕”写在自己的旗帜上。这一发展理念充分利用了中国固有的自然、经济和社会优势，取得了显著成绩，但是由于这是一种重点发展战略，其另一个直接后果就是中国经济发展的不均衡。尤其是在中国的现代化达到一定程度之后，这种战略的负面效应就更加明显了。“特别是 20 世纪 90 年代以后，社会主义市场经济迅速发展，这种不平衡发展战略造成的后果与市场经济的某些负面效应相结合，导致了利益分化的加剧。”[14] 由于先天的自然条件和后天的政策偏向，中国发展不平衡的一个直接结果就是区域经济发展不平衡，即东部与中部、西部的发展差距悬殊。中国的改革开放是在“先富带动后富”的社会共识下开展的。最初开始实行对外开放的 14 个城市都是沿海城市，那里有着得天独厚的自然条件，再加上从国家到地方各个层面的政策支持，经过 30 多年的发展，这些城市发展迅速，不仅城市面貌日新月异，人民生活水平也在快速提高，积累了很多社会财富。相比于东部沿海城市，中部和西部地区既缺少引进外资的政策支持，又缺少良好的工业基础，在很长的一段时期内只能借助于农业来发展经济，以至于发展速度相对缓慢。由此造成的结果则是东西部的差距越来越大。

---

14 熊光清. 当前中国社会风险的形成原因和基本对策 [J]. 教学与研究，2006，(7)：17—22.

中国经济发展的不平衡还表现在城乡居民收入差距大。中国是世界上有名的奢侈品消费大国，同时，逢年过节大小商铺里的热闹景象也表明普通民众有强烈的消费意愿。但是，2011 年中国居民消费占 GDP 的比率才仅为 35%，同一年美国的居民消费则约占到 GDP 的 70%。2013 年中国的居民消费与 GDP 的比率上升到了 50%，而同一年美国的居民消费占 GDP 的份额则达到了 80%。中国与世界发达国家仍有较大差距，这个差距并不是由于中国人不愿意消费造成的，主要是由于广大的农村地区都还很贫穷，占人口大多数的农民没有能力消费。城镇人口与农村人口收入的差距最直观地反映在城乡人口可支配收入上。根据国家统计局公布的数据，2014 年我国城镇居民人均可支配收入为 28844 元，农村居民纯收入为 9892 元，城乡居民收入比为 2.92 ∶ 1。据中国经济网统计，这已经是 2002 年以来的最低值。2002 年以来，我国城乡居民收入比一直维持在“3”以上，2007 年城乡居民收入差距扩大到改革开放以来的最高水平 3.33 ∶ 1。[15]

东西部和城乡居民收入的差距所造成的一个直接社会后果就是农民进城务工。由于东部比中西部的就业机会更多，收入也更高，每年都有大量的中西部农村劳动力到东部的城市务工。每逢重要的节日，广袤中国的大地上都会出现蔚为壮观的迁徙人潮。2015 年春运期间，有 28 亿人次往返迁徙。这种画面看起来有一种史诗般的壮观，但也有让人啼笑皆非的心酸。农民进城务工，能够获得比农村更高的工资

15 中国城乡居民收入比 13 年来首次缩小至 3 倍以下 [N/OL]. 中国经济网，2015 － 01 － 23.http://www.ce.cn/xwzx/gnsz/gdxw/201501/20/t20150120_4384230.shtml

收入，从而改善自己的生活，这本是一件双赢乃至多赢的事情。不过进城务工的农民所从事的工作基本上都是一些比较低端的制造业和服务业或者辛苦的建筑业，他们即使辛辛苦苦地工作，但是由于工作的附加值低，所获得的报酬也很少。他们用自己的体力劳动改变了城市的面貌，让城市人的生活更加便捷，却一直生活在城市的边缘，在生活成本高昂的城市里找不到生活的空间。当然，由于进城务工能够获得比农村更多的收入，能够享受到城市便捷的生活设施，农民进城务工在一定程度上改善了农村家庭和务工者自己的生活。但是农民进城务工也带来了不少的社会问题，如农村空巢老人的赡养、留守妇女儿童的权利保护、农民工下一代子女的教育等。

第二代农民工的生存困境足以说明上述问题的严重性。30 多年前的第一代农民工主要是农村出来打工的人，这些人进城的目的很简单：出来赚钱，以后回家建房子，送孩子读书，给孩子结婚。然而与上一代人不同，第二代农民工从小生活在温饱不成主要问题的年代，因此他们的生活目标不可能只停留在温饱的层次上，这是他们与父辈的根本区别。更何况，作为一个基本接受过完整初等教育的群体，二代农民工对社会和生活的认知远比父辈要丰富和深刻，这使得他们普遍不愿意接受父辈同样的命运，“一代更比一代强”就是这种认知的朴素表达。在他们的幼年，父辈们给他们的训诫就是不能只做苦力，要有技能，要更有尊严地生活。对于有这样成长经历的二代农民工来说，生存本身不是一个问题，而是一种生活常态，所以他们对发展权的追求比生存权要强烈得多。二代农民工所追求的是有体面的生活，他们对农业毫无兴趣，把城市作为自己生活的理想和希望。然而，他们主动“抛弃”了农村，却又被城市拒绝。农民工是城市的建设者，却不是城市资源、利益的享有者，在教育、就业、医疗、保险等许多公民权益事务方面与城市居民严重不对等，在综合素质和竞争能力远不及同龄的城市青年的现状表现越来越明显时，就形成了巨大的心理落差。二代农民工的心理因此容易失衡，导致对城市的反感，这种被歧视感和心理落差甚至会成为潜在违法犯罪的动因。要生活而不是要生存，要幸福而不是要温饱，二代农民工的朴素理想是中国现代化进程的需要，也是中国社会稳定的关键。我们原本需要采用有力措施来帮助农民工，让他们有尊严地生活在城市，而不是让他们成为“城市候鸟”。但恰恰相反，在这方面，我们的相关制度不但乏善可陈、进展缓慢，环境上的不友善甚至是歧视都限制了农民工在城市中的生存。如果说一代农民工为温饱而奋斗是他们的历史宿命的话，那么二代农民工继续重复同样的命运则是一种悲哀，这只能说明我们这个社会从起点又回到起点。令人可悲的是，我们这个社会并没有意识到这个问题的严重性，很多人反倒认为这是理所当然，农民天生就应该承担这样的义务。“中国的问题主要是农民问题”，这种理论可能并不完整，但多少反映了中国现代化的实质，即需要将大量的农业人口转移至城市。这意味着中国未来将拥有超过 12 亿的城市人口，这是一个伟大的历史进程，但同样也是一个危机四伏的过程。只有成功地将大量农业人口转变成稳定的城市人口，才能称之为发展，而在当前，这只属于少数幸运儿。

二、在思想层面，文化多元主义带来新挑战

快速的社会转型冲击着中国人的精神世界，中国人传统的价值观念受到了冲击，但并没有彻底绝迹；现代的价值观念已经传入国内，却尚未成为新的秩序；后现代的思想话语已经译介进来，并在迅速传播之中。社会转型所带来的思想多元主义成为我们必须面对的一项新挑战。

传统社会的封建主义价值秩序并没有被彻底颠覆。中国是一个从传统向现代转型中的社会，并不是一个严格意义上的现代社会。由于漫长的封建统治，在现代化转型中的中国，封建主义思想依旧根深蒂固。表现在人格独立的理念并为深入人心、人身依附关系明显。马克思曾经对人类历史的发展过程做出过两种重要的划分，一种是从原始社会、奴隶社会、封建社会、资本主义社会到共产主义社会的五阶段划分，一种是从人的依赖性阶段、以物的依赖性为中介的人的独立性阶段到人的自由个性的三阶段划分。两相对照，以物的依赖性为中介的人的独立性阶段对应于资本主义社会，而人的依赖性则对应于原始社会、奴隶社会和封建社会。中国历史上经历了漫长的封建社会，创造了辉煌的文明，封建主义的烙印在中国人的身上尤其深刻。其中，一个最明显的特征就是，大多数中国人缺少独立的人格，人身依附现象非常明显。中国人有一种根深蒂固的“背靠大树好乘凉”的观念，缺少独立的意见。“一人得道，鸡犬升天”的家族血统观念也是缺少独立人格的表现。现实生活中，有不少人在“得道”之后拼命提携自己家族的人，不惜践踏法律为子嗣敛取数额触目惊心的财物，这些财

产几辈子也花不完。他们在这样做的时候并没有想过自己的后代也是有独立人格的人，也能通过自己的劳动过上一种安稳平淡的生活。而完全听任自己的“家长制”心态作祟，最终把自己送进了铁窗。

现代的价值秩序尚未确立起来，人与人之间出现严重的信任危机。中国近现代巨大的政治、经济和社会变迁，震荡着人们的精神世界，从世界观、人生观、价值观到生活态度、行为模式等方方面面都发生了深刻的变化。随着社会主义市场经济体制的确立和发展，中国已经大体上走出了“人对人的依赖关系”，进入马克思所说的“以物的依赖性为基础的人的独立性”发展阶段。随着自由个性得到极大张扬，被解放出来的个人获得了空前的自由空间，但是由于新的价值秩序尚未形成，稳定的社会关系一时之间难以建立起来。西方学者鲍曼所谓的“流动的现代性”在中国体现得淋漓尽致。在一个变动的社会中，人与人之间的相互信任和信赖的纽带经常受到冲击，信任危机渗透到社会生活的方方方面。当代的中国人都被这种信任危机裹挟着，感到一种集体的无可奈何和群体性焦虑。所谓信任，包含了两个层次。一个层次是个体与组织之间的关系，是个体对组织和政府的信任程度；另一个层次是个体与个体的关系，是每个人之间相互信任的程度。每一个社会的良性运行都离不开这两种信任的互动，这两种信任是经济社会发展进步不可或缺的要素。文化大革命中，社会个体对组织信任程度高，而个体之间相互之间信任程度低，这种状况并不健康。无论哪个时代、哪个社会妄图通过瓦解个体之间的信任，而建立个人对组织的信任，这样的努力都是悲哀的、可耻的。同样，个体之间如果相互不信任，也谈不上对组织忠诚、担当。对组织的信任，实质是对秩序和规则的信任，从这一方面来看，组织信任是更为重要的，影响更深刻，范围也更广泛。而当社会上以强压弱、官官相护、社会暴力、利益集团垄断资源、腐败频发等问题赤裸裸地摆在人们眼前的时候，个体对组织的信任难免不会被慢慢消解。社会的快速转型瓦解了中国自古以来的熟人社会，而新的社会信任却未能建立，个体之间的信任也因为“好人没有好报”“邻里冷漠”“杀熟”等恶劣现象而逐步瓦解。由于亲近的人有共同的身份认同、行为规范和风俗习惯，在中国人的眼里，亲近容易产生信任，自己人最可靠，陌生人都是值得怀疑的。这种“自己人”的传统意识严重扭曲了现代化进程中的国人心理。中国的小孩子从小被教育“不要接受陌生人的礼物，不和陌生人说话”，但是现代化的中国将是一个开放的、突破地域限制、实现普遍的世界性交往的国家，传统的观念严重滞后于社会的需要。

后现代的思潮传入国内，获得大量拥趸。现代化是人类在自身理性能力的指引下开辟出来的发展道路。在这个过程中，人通过理性创造了辉煌的文化，发展了科学技术，极大地增强了自身的能力。但是与此同时，理性能力的过度膨胀也带来了一定的困境。随着理性能力带来科学技术的大发展，人的生产力得到了极大提升，但是同时也带来了严重的环境危机，直接威胁了人的生存。这些问题带来了西方人对现代化和现代性的反思，后现代主义思潮由此而生。随着中国的现代化进程逐步加深，中国的知识界也开始反思自身现代化过程中的问题，如价值秩序缺失、增长异化、消费异化等，后现代主义的思潮在中国开始登场。与西方社会不同，中国的后现代主义思潮是在受到西方的影响之后才产生起来的。后现代主义思潮在中国勃兴之时，中国还处在现代化程度很低的历史阶段上。这些对现代化进程提出强烈质疑和反对的思潮在一定程度上加重了社会对现代化的疑虑，阻滞了国人形成对现代化的坚定信念。

当代中国，前现代的封建主义旧观念、现代性的进步主义思想及后现代主义色彩斑斓的思潮混杂在一起。与此同时，中国的现代化依旧在进行当中，需要集中社会各届力量完成这项历史性的事业。这些思潮无疑对于凝聚社会共识形成了一定的挑战。例如，后现代主义的拥趸就激烈地反对现代性的事业，从各种角度对现代性的合法性提出质疑；封建主义的思想作为守旧的思想本身就会阻挠现代化的推进。同时，思想文化的多元化还对个人的社会认同构成了挑战，一个社会的身份认同是由共同的文化，及共同的价值观、思维方式即奠基于此的行为方式维系的，当一个民族的思想观念出现极大的反差甚至对立时，如何维系其身份认同就成了一个问题。

三、在治理层面，部分党员干部执政能力不足

胡锦涛同志在纪念中国共产党成立 90 周年的讲话中指出，全党必须清醒地看到，在世情、国情、党情发生深刻变化的新形势下，提高党的领导水平和执政水平、提高拒腐防变和抵御风险能力、加强党的执政能力建设和先进性建设，面临许多前所未有的新情况、新问题、新挑战，执政考验、改革开放考验、市场经济考验、外部环境考验是长期的、复杂的、严峻的。面对“四大考验”，党只有不断提高自身执政能力，才能带领全国人民把中国特色社会主义的伟大事业推向新

高度。“精神懈怠危险、能力不足危险、脱离群众危险、消极腐败危险更加尖锐地摆在全党面前。”这“**四大危险**”准确概括了新形势下我们党面临的执政风险，概括了部分党员干部执政能力不足的根源。这些危险集中地体现在高发的腐败案件之上。

腐败作为一种社会现象，有其自身的活动规律。纵观历史上和当代世界各国腐败现象发生发展的规律，但凡具备以下两个条件者，腐败必呈高发蔓延之势。客观上是利己主义思想的恶性膨胀和权力制约机制缺陷的环境，主观上则是反腐败主体执行不力。也就是说，没有约束的公权力遇上私欲膨胀，就会形成腐败。难怪法国思想家孟德斯鸠曾经断言：“一切有权力的人都易滥用权力，并将权威运用到遇障碍为止，这是万古不易的经验。”[16]执政党和国家政权由于掌握着巨大的权力资源，本身就容易滋长腐败。

当今中国腐败现象屡打屡发，无法斩草除根，是由社会主义初级阶段的历史条件决定的。主要原因有：第一，受体制转换的影响。我们正处于由计划经济体制向社会主义市场经济体制转轨的时期。这个时期的特点是计划经济时期形成的权力过分集中的状况尚未得到根本改变，而同一时期由于具体政策制度的制定滞后于改革开放步伐而形成的“时间差”造成了权力运行机制和制度的不完善，这使工作中存在大量的漏洞和薄弱环节。这种过分集中的权力和残缺不全的监督机制相结合，就为腐败的蔓延提供了适宜的土壤。第二，对权力的约束和监督乏力。虽然我们已有系统的权力约束和监督体系，如人民代

---

16 孟德斯鸠 . 论法的精神（上）[M]. 张雁深译，北京：商务印书馆，1961：154.

表达会、纪委、监察、检察等部门，一是由于这些机构处于附属地位，缺乏相对的独立性；二是由于制约职权和手段不够强大；三是封建主义的影响，尤其是权大于法的干预、关系网的阻挠，上述部门在不同程度上都难以发挥应有的制约和监督作用。第三，干部队伍结构发生变化。当前和今后一个时期，干部队伍新老合作和交替的任务仍然十分繁重。新中国成立前参加革命的老同志基本退下来了，随着时间的推移，新中国成立初参加工作的同志，也将逐步离开工作岗位，在充分肯定我们各级领导班子和整个干部队伍整体素质的同时，必须看到，在我们的干部队伍中，确有相当一部分同志的素质特别是思想政治素质不适应党的事业要求。有的干部特别是年轻干部由于对党和人民奋斗的历史经验还不够了解，缺乏艰苦环境的锻炼，政治上还不够成熟；有的干部不认真学习党的理论和政策，缺乏大局观；有的干部作风漂浮，脱离实际、脱离群众，官僚主义、形式主义严重；有的干部忘记了党的宗旨，经不起考验，以权谋私，甚至违法乱纪。第四，人们的思想认识出了问题。我国在发展市场经济的过程中，拜金主义、享乐主义、极端个人主义严重冲击人们的思想，这必然诱发我们领导干部队伍中的一批意志薄弱者思想深处的私有观念恶性膨胀，从而导致利己主义思想的大量滋生。反腐败主体执行不力，具体表现为：担负着反腐败责任的领导机关和领导干部对反腐败工作缺乏积极态度，个别人甚至自身不正。

党的十八大以来，以习近平同志为核心的新一代领导集体非常注重加强党的底线建设，反腐利剑一直高悬，有效地遏制了腐败。习近平总书记在十八届中央纪委五次全会上发表重要讲话强调，“我们党从关系党和国家生死存亡的高度，以强烈的历史责任感、深沉的使命忧患感、顽强的意志品质推进党风廉政建设和反腐败斗争，坚持无禁区、全覆盖、零容忍，严肃查处腐败分子，着力营造不敢腐、不能腐、不想腐的政治氛围”[17]。习近平总书记从严治党的一系列举措巩固了党的战斗堡垒作用，提高了党在人民群众心目中的形象和地位。

17 中国共产党第十八届中央纪律检查委员会第五次全体会议公报 [N/OL].http://www.xzjjw.gov.cn/jy_detail.php?id=6676

第三节
运用底线思维化解转型社会的风险

社会现代化是现阶段中国社会发展的历史课题。从社会哲学的层次上说，所谓社会现代化是整个社会结构体系从传统社会到现代社会的转化，包括经济现代化、政治现代化、文化现代化等各个领域的现代化，是一种十分深刻的社会转型。而在现阶段特殊的历史条件下，中国社会现代化的进程要避免上述社会风险，必须运用底线思维，呼唤社会良知，化解转型社会的风险。

一、个人的底线：良知

在中国传统文化当中，良知极受重视，被视为人之为人的底线。《孟子·尽心》中提出，“所不虑而知者，良知也”。意思是说，人不用考虑就能知道的，就是良知。儒家代表人物王阳明先生曾提出“致良知”，他认为良知是一种天然具有的可以分辨善恶意向的意识。“良知”是伦理事件的起点，是发现和坚持真善美的出发点。儒家强调“修身齐家治国平天下”，所谓修身的功夫就在于，用自己的良知去拒斥自己在行为中恶的意向，实施或实现善的意念。

良知，是天赋的道德观念，是我们每个人最底线的社会责任。“仰不愧于天，俯不怍于地”，为人处世不能愧对天地，要对得起良心。虽然良心看不见，摸不着，但它却是一个可靠的监督者，一个人的任何言行，都逃不过它的眼神。因为良知，29 岁的张米亚老师用血肉之躯为学生们守住了生命之门，一句“摘下我的翅膀，送给你飞翔”感动了中国。因为良知，2012 年 5 月 8 日，当失控的大巴车冲向孩子们的瞬间，黑龙江省佳木斯市第十九中学青年女教师张丽莉一把推开两个学生，自己却被车轮碾压，造成多处骨折，双腿高位截肢。因为良知，司机吴斌在遭遇横祸之后，强忍剧痛，完成减速靠停、拉紧手刹等驾驶操作，在保证全部乘客的安全后，他躺下再也没有起来。良知是人之为人的底线条件，是我们行走于世间的道德基础，没有了良知，我们与自然界的动物也就没有了差别。因为没有了良知，我们身边有了三聚氰胺，有了地沟油，有了牛肉膏，有了苏丹红；因为没有了良知，我们周围的 PM2.5 飙升，有了挥之不去的雾霾，有了五颜六色、恶臭熏天的河流，有了土壤被严重污染而生长出的毒大米；因为没有了良知，“范跑跑”可以大言不惭谈仁义道德，“小悦悦”被汽车碾压而无人搭救，老人跌倒之后，路人要面对“扶还是不扶”的困惑。

二、社会的底线：秩序

一个社会良性有序进行，离不开法律制度的规范。个体的良知很容易受到组织的蒙蔽，因为信息不完善，而造成一些丧失理智的后果。“恶是颠倒的善”，希特勒和东条英机都是以善为幌子造成了人类的灾难。勒庞的《乌合之众》告诉我们，德国和日本普通民众在第二次世界大战期间变为战争机器，是因为国家最高领导人发动整个国家机器，将全社会卷入，让全民丧失理智，在集体无意识中变得肆无忌惮。在社会治理层面，光强调良心是不够的，还要有一套制约权力的良好机制，否则，最高领导的良心靠不住，民众的良心也靠不住。

全面依法治国是建设良好社会秩序的关键环节。让各级改革主体在法治的轨道里运行，实现党的建设、国家治理、社会治理的良法善治，对于落实全面建设小康社会、全面从严治党、凝心聚力拥护支持改革具有重要的现实意义。为了实现这一目标，需要发挥法律的积极作用，规范和理顺改革主体之间的利益关系；运用法律将改革已经取得的既有成果固定下来，将改革经验进行普遍推广；在改革中注重法律因素，在重大改革中做到有法有据；将党的大政方针和政府的法律规定结合起来，保障落实国家战略的实现。全面推进依法治国是提升国家治理能力的重要依托。当前，全面建设小康社会进入决定性阶段，改革开放进入深水区，过去30多年改革开放在取得巨大成就的同时也问题多多，矛盾和冲突空前尖锐。实现国家治理能力和治理体系的现代化是我们党和国家解决复杂社会问题的重要途径。提升国家治理能力、实现国家治理能力的现代化，关键在于全面推进依法治国，树立法律的威信和尊严，在全社会形成敬法、尊法、守法的氛围，不断提高各个社会主体自觉运用法治思维和法治方式参与社会和国家治理的水平。成败在于坚持形成政府办事依法、公民遇事找法、主体解决问题用法、化解矛盾靠法的法治环境，全体公民的尊法、守法、用法将会使社会公平正义大大实现，促进全面依法治国。

“解决中国的问题，关键在党”。建设良好的社会秩序，必须坚持用法治思维全面从严治党。党的领导是中国特色社会主义制度的最本质特征。然而，党的执政地位不是与生俱来的，也不是一劳永逸的。用法治思维从严治党，提高党员学法、守法、用法的能力，提高执政水平，是我们党执政后始终面临和不断探索的一个重大课题。社会主义法治必须坚持党的领导，同时党的领导必须依靠社会主义法治。党内法规制度建设是从严治党的重要内容，国家法律和党内法规是党治国理政、管党治党的重器。如果说国家法律是对全体公民最底线的要求，那么党规党纪就是对党员行为的底线要求和规范，它们高于国家法律对普通公民的要求。

建设良好的社会秩序，要坚持法治国家、法治政府、法治社会的一体化建设。全面推进科学立法、严格执法、公正司法、全民守法进程，是法治国家的长远目标，使国家治理体系和国家治理能力现代化、法治化。法治社会是培育社会的法治精神，将全体公民对法律的敬畏心和对规矩的本分心凝聚成全社会的共同认识。法治政府是最重要目标，规范和限制各级政府手中的权力，明晰政府职能、权责法定，减少政治手段在市场经济中的影响，发挥好市场在资源配置中的决定性作用，坚持政企分开、政事分开、政资分开、政社分开。“天下之事，不难于立法，而难于法之必行”。法律的生命力在于实施，法律的权威也在于实施，坚持在党的领导下，各级政府在法治轨道上开展工作，严格执法责任，全体公民守法诚信，全面推进依法治国，落实深化改革。

“政之所兴，在顺民心；政之所废，在逆民心”。明晰的目标有助于党和国家在制定路线、方针、政策时合理配置资源，统筹协调

依法维权　　新华社发　徐骏　作

2016年以来，山东省人民政府因土地拆迁复议问题，相继三次被公民告上法庭，最终均败诉，引发热议。随着全面依法治国深入推进，“民告官”式的行政诉讼也越来越多。公民胜诉背后体现出政府必须依法行政的要义。地方政府应从败诉案例中深刻汲取教训，在土地拆迁等问题上严格依法行政，顺应百姓的法治期待。　（新华社发　徐骏　作）

发展。加大统筹城乡、区域发展力度，优化经济发展空间格局，不断提高基本公共服务水平，在全体人民生活水平提高的基础上，使那些处于弱势和边缘的群体和地区得到实惠，使满足了基本温饱的人民群众可以获得有尊严的生活，提高人民整体的幸福指数。“国家治理”而非“国家统治”，强调“社会治理”而非“社会管理”。国家治理要求政府通过厘清“能做什么”及“不能做什么”“能做好什么”来做好擅长做的事情。政府要勇于自我革命，以全面建成小康社会为奋斗目标，给市场和社会充足的空间，为公平竞争搭好舞台，同时个人和企业要勇于创新，在参与国家治理和社会治理中更好地实现精神追求和自身价值。

三、国家的底线：公正

党的十八大报告将“倡导富强、民主、文明、和谐，倡导自由、平等、公正、法治，倡导爱国、敬业、诚信、友善”概括为社会主义核心价值观。这一提法大大深化了十六届六中全会把“公平正义”作为社会和谐的基本条件和构建社会主义和谐社会的总要求之一的认识，也进一步深化了党的十七大报告指出的“实现社会公平正义是中国共产党人的一贯主张，是发展中国特色社会主义的重大任务”的主张。在全面建成小康社会、积极构建社会主义和谐社会进程中，公平正义已经成为国家制度建设的底线要求。

公正，即公平正义，其含义是把公平作为正义的本质要求，是社会主义正义观与资本主义正义观的本质区别。从社会主义的内在规定性来看，中国应该把公平正义作为自身的核心价值追求。“社会主义”经历了从空想到科学、从苏联模式到中国特色社会主义的发展历程。纵观二三百年来的社会主义运动史，其重要价值追求就是公平正义。社会主义理论脱胎于资本主义社会，如果说资本主义的核心价值是把自由作为正义的本质要求的话，社会主义的核心价值则是把公平作为正义的新要求。资本主义制度的核心是围绕着资本增殖的逻辑展开的整个生产方式。为了服务于资本，最大限度地实现自我增殖的追求，资本主义社会把自由作为最高的价值，作为正义的本质要求。在自由价值的引领下，资本主义制度打破了封建主义的人身依附关系，工人和资本家都成了自由的个人，他们能够在市场上自由地选择劳动和职业。就此而言，资本主义无疑是一个历史进步。但是问题在于，当资本主义把自由作为最高价值的同时，资本增殖的力量被充分释放出来，但是资本增殖的成果却被社会的少部分人占据了，社会的贫富差距越来越大，一方面是资本家灯红酒绿的生活，另一方面是工人在生死边缘作垂死挣扎。社会主义思潮最初就是起源于对资本主义所造成的不公正现象的批判。从圣西门、欧文、傅里叶到马克思和恩格斯，从列宁、斯大林到毛泽东、邓小平，社会主义的思想家和实践家都把“消灭剥削”作为自己的追求，而消灭剥削正是为了实现社会的公平。从社会主义的发展脉络看，公正是社会主义国家的一贯追求，是我国国家制度建设应坚持的底线追求。

从当代中国所处的历史方位来看，我国的制度建设也应把公平正义作为底线要求。1978 年以来，邓小平同志开启了“改革开放”的伟大历史征程，随着社会自由度的提高，社会财富的闸门被打开了。在过去的 30 多年间，中国的财富以空前的速度和规模积累起来。但是由于启动“改革开放”之际的政治、经济和文化上的限制，中国走上了一条不平衡的发展道路。这种不平衡的发展道路打破了僵化的思想，实现了思想解放；充分利用了国际和国内的有利条件，实现了财富的快速增殖，在特定的历史时期发挥了巨大的社会和历史效应。但是随着发展的逐步深入，这种不平衡发展道路的负面效果开始积聚，区域经济发展和城乡经济发展的不平衡引发了一些社会矛盾，甚至带来了比较大的社会风险。我们正处在一个迅速变化的大时代，中国社会正处在快速转型之中，具有转型社会的共同特征，但也有中国特色的特殊国情。公平正义是今天中国社会所有矛盾的焦点。经济上缺乏活力，是因为民营企业没有办法和国有企业站在同一起跑线竞争；社会矛盾尖锐，是因为社会中少部分人占据了大部分的生产和生活资料；甚至道德的滑坡和信任的缺失也与社会缺乏公平正义有关。在当前的发展阶段上，破除不平衡发展所带来的不平等，实现社会财富在生产环节和分配环节的公平是一项必须解决的任务。

第三章

底线思维为改革开放保驾护航

1976年9月9日，共和国的缔造者毛泽东同志与世长辞。留在他身后的这个国家再一次到了三岔路口。这个国家必须做出选择：是走封闭僵化的“老路”、改旗易帜的“邪路”，还是开辟出一条新路。历史的重任落在了邓小平同志的肩上，他审时度势，做出了“走自己的路，建设有中国特色的社会主义”的伟大决策。时间推进到2014年，在“中国特色社会主义”的正确旗帜的引领下，中国的社会主义建设平稳地渡过了一道又一道关口，国民经济飞速发展，GDP超过10万亿美元大关，民主政治建设稳步提升，科教文卫事业蒸蒸日上，社会主义重新焕发出活力。相形之下，俄罗斯在苏联解体之后的处境则要艰难得多。为什么邓小平开启的“改革开放”取得了举世瞩目的成就，戈尔巴乔夫推行的“改革与新思维”却导致了国家的解体、民族的分裂？原因固然很多，但是最为重要的原因就是，中国的“改革开放”守住了改革的底线。在底线思维的引导下，我们党和国家领导人始终把改革作为社会主义的自我完善，而没有像苏联那样推行“休克治疗”，打倒一切、重新来过。正是因为守住了改革的底线，从来没有出现“颠覆性的错误”，中国才开辟了属于自己的“中国道路”，创造了前所未有的大好局面。

“改革开放”让中国切实经历了“三千年未有之大变局”，在“乱石穿空，惊涛拍岸”的改革历程中，中国之所以能够守住改革的底线，平安地渡过一个又一个险滩，原因在于：第一，我们党在真理标准大讨论中，摒弃了“两个凡是”的错误思想路线，重新恢复了“实事求是”的应有地位，让我们党守住了思想的底线。因此，我们党在改革的历程中既没有被“左”的力量控制，也没有被“右”的舆论绑架，始终走在“实事求是”的大道上。第二，我们党以底线思维正确处理了改革、发展和稳定的关系：发展是解决一切问题的关键，我们党始终把发展作为目标，“任它风吹浪打，我自闲庭信步”；党和国家维持了稳定的大局，为改革和发展提供了可靠的保障；通过改革释放发展的动力，驱动中国持续前进。第三个原因也是最为重要的原因在于，我们党打出了“中国特色社会主义”的大旗，在“老路”和“邪路”之外找到了一条“新路”，引领了中国的发展。

第一节

发动真理标准大讨论，确立思想底线

1976年10月，党中央在政治上一举粉碎“四人帮”，举国振奋。然而，我党在指导思想上出现了继续“文革”错误的“两个凡是”理论。邓小平以一名普通共产党员应有的历史责任感和使命感给中共中央写信，针对“两个凡是”的错误方针提出，“我们必须世世代代地用准确的完整的毛泽东思想来指导我们全党、全军和全国人民”。历史没有辜负这位老党员，中共中央肯定了邓小平的正确意见。在复出以后，邓小平同志积极推动“真理标准大讨论”，在全党、全国掀起了思想解放的高潮，重新确立了“实践是检验真理的唯一标准”这一马列主义和毛泽东思想的活的灵魂。他用实际行动守住了我党的思想底线，实现了全党“解放思想，实事求是，团结一致向前看”的大好局面。

一、拨乱反正，纠正“两个凡是”的思想路线

“文化大革命”期间，社会主义建设事业遭到极大的破坏，遭受了巨大伤痛的中国人民迫切期待历史能够翻开新的一页。1976年

10月6日晚，华国锋、李先念等人果断决策，对江青、张春桥、王洪文、姚文元实行隔离审查，一举粉碎了“四人帮”反革命集团。粉碎“四人帮”的胜利，标志着持续了十年之久的“文化大革命”结束了。在这一胜利的鼓舞下，社会各界欢欣鼓舞，要求纠正十年“文革”的错误、解决“文革”遗留问题。

然而，经过十年“文化大革命”的熏染，整个国家的局面还是迷信盛行、思想僵化。尽管呼吁变革的声音很高，但是它所面临的压力也非同一般。1977年2月7日，《人民日报》《解放军报》和《红旗》杂志同时发表社论文章《学好文件抓住纲》，其中提出了“凡是毛主席作出的决策，我们都要坚决维护；凡是毛主席的指示，我们都始终不渝地遵循”。这就是我们耳熟能详的“两个凡是”。“两个凡是”在“两报一刊”刊出，并成为社论的主题，这本身就是一个敏感的政治信号。

“两个凡是”提出的本意是，借助毛泽东同志的伟大旗帜，稳定形势，从而巩固揭批“四人帮”的既有局面。但是，在“两个凡是”之中，一个是“坚决维护”，一个是“始终不渝地遵循”，这两条都是作为政治生活中的最高标准提出来的。为了与“四人帮”作斗争，最后陷入了盲目拥护毛泽东同志的错误当中。例如，1976年10月26日，在同中央宣传口负责人谈话时，华国锋谈到了揭批“四人帮”的问题。他说：“批判中要注意，凡是主席点过头的、批（示）过的不要去批，比如八个样板戏还是要肯定的，某演员不好，可以换人”。[1]

1 韩钢．关于华国锋的若干史实 [J]. 炎黄春秋，2011（2）：9—18.

因此，“两个凡是”一提出就遭到了具有远见卓识的老干部的反对，邓小平同志曾旗帜鲜明地提出反对意见。在 1977 年 4 月 10 日，邓小平同志给党中央写信指出，“我们必须世世代代地用准确的完整的毛泽东思想来指导我们全党、全军和全国人民，把党和社会主义的事业、把国际共产主义运动的事业，胜利地推向前进”。同年 7 月，邓小平同志在党的十届三中全会上再次重申了要完整地准确地理解毛泽东思想这个辩证唯物主义的科学原则。1977 年年底，根据胡耀邦同志的意见，中央党校明确规定了研究党的历史需要遵守的两条原则：第一是完整地准确地理解毛泽东同志的有关指示；第二是以实践为检验路线是非的标准。随着形势的发展，党的思想、理论和路线、方针正确与否究竟以什么为标准，就成了党的理论工作者必须回答的问题。最终在邓小平同志的积极推动下，思想理论界开始出现了一些拨乱反正的好文章，最终促进了“思想解放”。

其中最有影响的要数《实践是检验真理的唯一标准》了。1978 年 5 月 10 日，中央党校内部刊物《理论动态》发表了经胡耀邦同志审阅定稿的《实践是检验真理的唯一标准》。这篇文章阐明了，马克思主义的一个最基本的原则就是坚持理论与实践的统一性，任何理论都必须接受实践的检验，实践不仅是检验真理的标准，而且是“唯一标准”。基于此，这篇文章还提出实践是检验党的路线是否正确的“唯一标准”。把实践作为真理和党的路线正确与否的唯一标准，与以毛泽东同志的指示作为真理的标准之间存在着明显的冲突。在邓小平同志的积极推动下，这篇文章登上了“两报一刊”。5 月 11 日，这篇文章以“特约评论员”的名义在《光明日报》发表，新华社还将这篇文章作为“国内新闻”头条，转发全国。5月12日，《人民日报》和《解放军报》同时转载《实践是检验真理的唯一标准》。此后，全国绝大多数省、市、自治区的报纸也陆续予以转载。“实践标准论”从根本上否定了“两个凡是论”，在全党引起了强烈反响。

“时势造英雄”。在当代中国的历史上，没有哪篇文章能够像《实践是检验真理的唯一标准》那样深刻地影响了中国历史和社会的走向。这篇文章之所以能够迸发出如此大的社会影响力，当然与当时的社会需要和历史背景有关。在蹑手蹑脚的理论风气面前，它像一颗春雷惊醒了沉睡了十年之久的土地。当然，尽管这篇文章具有非凡的进步意义，但是也有不少人忌惮它直指毛泽东同志，提出批评意见。当时，中央主管思想理论工作的领导人一再召开会议，点名特约评论员，批评胡耀邦同志，提出“下不为例”的要求。思想舆论一度面临收紧的局面，刚刚崭露的思想破冰之旅又有被重新冰封的危险。

在前进还是倒退的历史关口，邓小平同志于1978年6月2日在全军政治工作会议上发表重要讲话。他明确提出，一切从实际出发、理论与实践相结合是马克思主义的根本观点和基本方法；实事求是是毛泽东思想的出发点、根本点。他明确支持实践是检验真理的唯一标准的观点，对“照抄照转照搬”的态度提出了严厉的批评。邓小平同志的讲话对当时正在遭受打压的思想观点提供了有力的支持，恢复了正常的理论争鸣。

当时的中央军委秘书长罗瑞卿在看到《实践是检验真理的唯一标准》后立刻就认识到，这篇文章提出了一个“牵一发而动全身”的问题。在他的指示下，中央党校的哲学专家吴江写出了《马克思主义的一个最基本的原则》。该文作为《解放军报》特约评论员文章在1978年6月24日发表，《人民日报》在同一天刊登，《光明日报》于6月25日转载。这篇文章的发表，是对“真理标准”大讨论的又一有力支持。在那之后，实践标准论开始在党和军队系统内广泛传播。从1978年8月开始，各省市党委和各大军区党委的主要负责人积极参与讨论，支持实践是检验真理的唯一标准的观点，批评“两个凡是”。“真理标准”大讨论开始在全国范围内逐步走向深入。

1978年9月，邓小平同志到东北视察工作，对这个问题又作了进一步的阐述。他指出，“两个凡是”不符合毛泽东思想，继续高喊这样的口号，必然要损害毛泽东思想。在12月的中央工作会议上，邓小平同志提出了具有重要意义的“解放思想，实事求是，团结一致向前看”的方针，充分肯定了关于真理标准问题讨论的重大意义。他指出：“只有解放思想，坚持实事求是，一切从实际出发，理论联系实际，我们的社会主义现代化建设才能顺利进行，我们党的马列主义、毛泽东思想的理论也才能顺利发展。从这个意义上说，关于真理标准问题的争论，的确是个思想路线问题，是个政治问题，是个关系到党和国家的前途和命运的问题。”[2] 邓小平同志的讲话，把问题提到了应有的高度，是对这个讨论所作的最好的总结。1981年6月，党的十一届六中全会作出了《关于建国以来党的若干历史问题的决议》，标志着指导思想上拨乱反正的任务基本完成，“真理标准”大讨论也由此结束。

2 邓小平文选[M]. 第2卷. 北京：人民出版社，1994：143.

“真理标准”大讨论，改变了党和国家的前途和命运。正是这场大讨论完成了思想路线上的拨乱反正，纠正了“两个凡是”的错误思想，确立起了实践是检验真理的唯一标准。思想路线上的拨乱反正，对于打破过去盛行的个人崇拜和教条主义的精神枷锁，对于党的指导思想和实际工作的拨乱反正产生了重要的影响。关于其重要意义，邓小平同志曾经高屋建瓴地提出，“一个党，一个国家，一个民族，如果一切从本本出发，思想僵化，迷信盛行，那它就不能前进，它的生机就停止了，就要亡党亡国”[3]。足见思想路线的重要意义，它关系到党和国家的生死存亡，是不容践踏的底线。一旦背离了正确的思想路线，将会出现无法接受的结果。在“文化大革命”结束之后，得益于思想路线上的拨乱反正，尤其是确立起来实践的真理标准这一马克思主义的真理观，党的各项工作迅速回到了正常的轨道上，处于崩溃边缘的社会主义事业被挽救了过来，并在以经济建设为中心的工作路线的指引下，取得了举世瞩目的成就。

3 邓小平文选［M］. 第二卷，北京：人民出版社，1994：143.

相关链接

实践是检验真理的唯一标准

本报特约评论员

检验真理的标准只能是社会实践

理论与实践的统一，是马克思主义的一个最基本的原则

（下转第二版）

《光明日报》发表《实践是检验真理的唯一标准》

检验真理的标准只能是社会实践

怎样区别真理与谬误呢？一八四五年，马克思在创立新世界观时，就提出了检验真理的标准问题：“人的思维是否具有客观的真理性，这并不是一个理论的问题，而是一个实践的问题。人应该在实践中证明自己思维的真理性，即自己思维的现实性和力量，亦即自己思维的此岸性，关于离开实践的思维是否具有现实性的争论，是一个纯粹经院哲学的问题。”(《马克思恩格斯选集》第 1 卷 16 页）这就非常清楚地告诉我们，一个理论，是否正确反映了客观实际，是不是真理，只能靠社会实践的检验来解决。实践标准是马克思主义认识论的一个基本原则，也是它的一个根本特征。

实践不仅是检验真理的标准，而且是唯一标准。毛主席说：“真理只有一个，而究竟谁发现了真理，不依靠主观的夸张，而依靠客观的实践，只有千百万革命人民的革命实践，才是检验真理的尺度”。（《新民主主义论》）“真理的标准只能是社会实践”。（《实践论》）这里所说的是：“只能”、“才是”，就是说，标准只有一个，没有第二个。这是因为辩证唯物主义所说的真理是客观真理，是人的思想对于客观世界及其规律的正确反映。因此，作为检验真理的标准，就不能到主观领域内去寻找，也不能到理论领域内去寻找，思想、理论自身不能成为检验自身是否符合客观实际的标准，正如在法律原告是否属实，不能依靠他自己的起诉为标准一样。作为检验真理的标准，必须具有把人的思想和客观世界联系起来的特性，否则就无法检验。人的社会实践是改造客观世界的活动，是主观见之于客观的东西。实践具有把思想和客观世界联系起来的特性。因此，正是它，也只有它才能够完成检验真理的任务。

选自：实践是检验真理的唯一标准 [N]. 光明日报，1975—05—11（01）.

二、解放思想，事实求是，团结一致向前看

批判“两个凡是”“真理标准”大讨论以及重新评价毛泽东同志和毛泽东思想，使我们党完成了思想路线上的拨乱反正工作。这些工作为我们党构筑起了牢固的思想防线，帮助党守住了思想底线。通过这些工作，我们党坚守住了马克思主义的基本原则，阻止了我们党滑向唯心主义历史观的深渊，挽救了党，挽救了社会主义。但是，仅仅守住底线是不够的。为了更好地前进，在破除旧有观念的同时，我

们还必须建立起新的思想路线。为了统一全党和全国人民的思想，邓小平同志在1978年12月做了《解放思想，实事求是，团结一致向前看》的讲话，明确了党在今后一个时期的思想路线。

邓小平同志强调，“解放思想，开动脑筋，实事求是，团结一致向前看，首先是解放思想”，这一点在“文化大革命”刚刚结束的中国具有强烈的现实针对性。当时，经历过长达十年的“以阶级斗争为纲”的大批判，思想界已经处于万马齐喑的状态中。胡福明先生是《实践是检验真理的唯一标准》的作者，他在2008年接受媒体采访时曾坦言，自己写作那篇文章时就已经做好了坐牢的思想准备。这一细节就足以让我们窥视到当时的思想氛围。因此，邓小平同志在当时旗帜鲜明地提出，要把解放思想放在第一位。正是由于思想解放了，“不管黑猫白猫，逮住耗子就是好猫”的论断才能引起广泛的思想共鸣；正是由于思想解放了，当时的中国才没有被姓资姓社的争论困住前进的步伐。正是由于思想解放了，才有了市场经济的引入和中国的腾飞。

在“文化大革命”刚结束的语境中，解放思想意味着走出思想上的教条主义，反对“两个凡是”的思想路线，大胆探索，勇闯新路。在当时的语境下，解放思想具有“反左”的现实针对性。但是，“反左”并不意味“右倾”，解放思想绝不意味着凭空想象、脱离中国的实际、全盘接受西方的一套。为了杜绝这种倾向，邓小平同志明确提出，“解放思想，就是使思想和实际相符合，使主观和客观相符合，就是实事求是”。[4] 解放思想和实事求是是统一的。解放思想是实事

---

4 邓小平文选 [M]. 第2卷 . 北京：人民出版社，1994：323.

求是的内在要求，只有思想解放了，才能勇敢地面对现实，承认并接受现实的真实状况，从而做到实事求是。实事求是是解放思想的基础，只有以实事求是的态度面对发展中的问题，才能开动脑筋找出路，最终突破旧思维的束缚，解放思想，找到发展的新路径。解放思想与实事求是的目标是一致的，它们都是为了使主观和客观相符合，创造性地研究新情况、解决新问题、开拓新局面。但是，这两者的着眼点又有所不同，解放思想着眼于主体，强调充分发挥人的主观能动性，主动地认识现实；实事求是着眼于客体，强调遵循客观规律。邓小平同志提出解放思想和实事求，充分体现了发挥主观能动性和尊重客观规律的辩证统一。

解放思想是探索规律、追求真理的过程，必然立足于实事求是的基础之上。实事求是，是解放思想的前提；解放思想，是实事求是的结果。脱离实际、盲目蛮干不是解放思想，而是违背实事求是的头脑发热，不仅不会加快改革、促进发展，反而会给党和人民的事业造成难以估量的损失，这方面我们曾有过深刻的教训。同样，不顾基本国情，照搬套用西方模式、鼓吹“西方化”，更不是解放思想，而是背离了求真务实的误国空谈。总之，对于我国这样一个世界上人口众多的发展中大国，任何无视社会主义初级阶段的基本国情、背离中国特色社会主义道路的想法和做法，都有可能在根本性问题上发生颠覆性错误。一旦造成社会混乱，将无法挽回、无法弥补。

思想解放的深度，决定深化改革的力度。历史经验表明，人民群众的利益、意愿和要求，历来都是推进思想解放的强大动力。革命战争年代是这样，和平建设时期是这样，改革开放以来的伟大实践也充分证明了这一点。今天，我国经济社会发展已步入新阶段，那些由于形式主义的束缚而导致的貌似解放、实则僵化的观念，那些因循守旧、故步自封、难以跳出传统粗放增长模式的惯性思维，仍然是值得警惕的，因此绝不能认为“解放思想已经到头了”。面对改革与发展道路上出现的新矛盾、新挑战和新问题，迫切需要进一步激发和引导广大干部群众的智慧与热情，以新思想、新办法破除长期积淀的旧习惯、老框框，最大限度凝聚多元利益格局下的社会共识，形成全面深化改革的合力。

在党的十四大报告中，明确地把“解放思想，实事求是”作为我们党的思想路线，指出“解放思想、实事求是是建设有中国特色社会主义理论的精髓，是保证我们党永葆蓬勃生机的法宝”。邓小平同志对实事求是思想路线的一个巨大突破，就是把实事求是与解放思想结合起来，指出了各种精神枷锁对人的精神的禁锢作用，强调了作为主体的人的精神条件、主体素质对认识世界和改造世界的重要性。解放思想是马克思主义创造精神的体现。实事求是必须解放思想，解放思想是实事求是的前提条件。只有解放思想，破除思想僵化的主体精神状态，才能做到实事求是。而解放思想是为了研究新情况、解决问题，解放思想必须以实事求是为指针和方向。解放思想，实事求是，是党的思想路线的本质要求，是发展中国特色社会主义的一大法宝。当前，我们要抓住国内和国际的有利时机，加快改革开放步伐，及时解决前进道路上各种复杂矛盾和问题。更要坚持解放思想，实事求是，打好改革攻坚战、通过改革深水区，统筹谋划改革发展稳定全局，为经济持续健康发展增添新的动力，为中华民族开创更加美好的未来。

三、确立四项基本原则，划定改革开放的底线

党的十一届三中全会确立了以实现社会主义现代化为目标，通过改革开放来促进生产力发展的指导思想。在这一思想的引领下，我们党开启了中国特色社会主义发展的新的历史阶段。但同时，在拨乱反正的过程中党内也存在着思想混乱。根据党的十一届三中全会的决定，1979 年 1 月 18 日至 4 月 3 日，中共中央召开理论工作务虚会，总结理论宣传工作的经验教训，研究理论宣传工作如何适应全党工作重心转移到社会主义现代化建设上来的根本任务。在中央召开的理论工作务虚会上，邓小平同志讲话指出："要在中国实现四个现代化，必须在思想政治上坚持四项基本原则。这是实现四个现代化的根本前提。这四项是：第一，必须坚持社会主义道路；第二，必须坚持无产阶级专政；第三，必须坚持共产党的领导；第四，必须坚持马列主义、毛泽东思想。"[5] 邓小平同志指出，四项基本原则并不是新的东西，而是"我们党长期以来所一贯坚持的"，粉碎"四人帮"以至十一届三中全会以来，一直是党中央实行的一系列方针政策所坚持的。尽管四项基本原则并不是新的东西，但在目前新的形势下坚持这些原则却有重大意义，"中央认为，今天必须反复强调坚持这四项基本原则，因为某些人（哪怕只是极少数人）企图动摇这些基本原则。这是决不许可的。每个共产党员，更不必说每个党的理论工作者，决不允许在这个根本立场上有丝毫动摇。如果动摇了四项基本原则中的任何

5 邓小平文选 [M]. 第 2 卷 . 北京：人民出版社，1994：164—165.

一项，就动摇了整个社会主义事业，整个现代化建设事业”[6]。邓小平同志在关键的历史时刻提出社会主义现代化建设要坚持四项基本原则，一是党内和社会上出现了一些否定中国共产党的领导、社会主义制度和毛泽东思想的指导地位等错误思潮，对改革开放和现代化建设造成严重干扰，攸关党和国家的前途命运；二是由坚持四项基本原则的重要战略地位和意义所决定的，实现四个现代化，必须以坚持四项基本原则为根本前提，如果动摇了其中任何一项，就动摇了整个社会主义现代化建设事业。

坚持四项基本原则，首要的是坚持社会主义的发展道路。社会主义的道路对应的是国家的社会主义性质。邓小平同志曾经提出，社会主义的本质是“解放生产力，发展生产力，消灭剥削，消除两极分化，最终达到共同富裕”[7]。在这一理念的指引下，改革开放以来，我们经受住了各种困难和风险的考验，一直保持经济发展、社会稳定、人民安居乐业的大好局面。成绩的背后有一条非常重要的经验，即坚定不移地走中国特色社会主义道路。进入新世纪后，国际国内形势发生了深刻变化，我国发展面临的机遇前所未有，面对的挑战也前所未有。抵御和化解各种挑战和风险，不断推进中国特色社会主义事业向前发展，最根本的就是坚持走中国特色社会主义政治发展道路，充分发挥我国政治制度和政党制度的特点和优势，使社会主义制度焕发出蓬勃生机。这要求我们党，通过政治体制、经济体制和其他体制的改革，来解放、发展生产力和发扬社会主义民主和实现依法治国，最后

6 邓小平文选 [M]. 第 2 卷 . 北京：人民出版社，1994： 173.
7 邓小平文选 [M]. 第 3 卷 . 北京：人民出版社，1993： 373.

达到发展社会主义，实现共同富裕，进而促进社会和谐稳定，巩固社会主义政权的目的。

坚持四项基本原则，必须坚持人民民主专政的政体。邓小平特别强调：马克思主义理论中最实质的一条就是无产阶级专政。“无产阶级作为一个新兴阶级夺取政权，建立社会主义，本身的力量在一个相当长时期内肯定弱于资本主义，不靠无产阶级专政就抵制不住资本主义的进攻。坚持社会主义就必须坚持无产阶级专政，我们叫人民民主专政。在四个坚持中，坚持人民民主专政这一条不低于其他三条。理论上讲清楚这个道理是必要的。”[8]不难发现，邓小平同志所强调的人民民主主专政有其特定的历史时效性，即“无产阶级作为新兴阶级夺取政权”的历史时期。在这个历史时期内，无产阶级本身的力量“在一个相当长时期内肯定弱于资本主义”。为了巩固无产阶级革命的胜利果实，新兴的无产阶级必须通过无产阶级专政巩固政权，否则就“抵制不住资本主义的进攻”。从邓小平同志的上述论述中，我们还能发现，他所提出的人民民主专政理论以马克思主义的无产阶级专政理论为源头。恩格斯在《法兰西内战》的序言中曾为无产阶级专政下过清晰的定义。他说：“先生们，你们想知道无产阶级专政是什么样子吗？请看巴黎公社，这就是无产阶级专政。”既然巴黎公社为无产阶级专政提供了样板，那么，巴黎公社是怎么运转的呢？“为了防止国家和国家机关由社会公仆变为社会主人，公社采取了两个可靠办法。第一，它把行政、司法和国民教育方面的一切职位交给由普选选出的人担任，

8 邓小平文选 [M]. 第 3 卷 . 北京：人民出版社，1993：365.

而且规定选举者可以随时撤换被选举者。第二，它对所有公职人员，不论职位高低，都只付给跟其他工人同样的工资。”[9]不难发现，无产阶级专政的实质是让人民完全控制国家的公共权力，防止敌对阶级的复辟。当前，人民民主专政直接反映了我们国家的阶级性质，其基础是工农联盟，这是全党上下必须紧紧依靠的力量，脱离了广大的工农联盟队伍，党的事业将成为无源之水、无本之木。人民民主专政还有一个重要的依靠力量就是非劳动人民的联盟，其主要成员是民族资产阶级组成的联盟，这个联盟是推动生产力发展的一支重要力量，同样是不可缺少的。尽管在人民民主专政的政体之下，民主和专政不可偏废其一，但是当前强调人民民主专政并不是要无限度地扩大专政的范围和对象。在现阶段，坚持人民民主专政必须树立执政党的思维，随着我们党从革命党向执政党的地位转变，我们党在坚持人民民主专政时，必须坚持化解矛盾、团结社会最大多数的思维方式，切不可用过激的行政手段处理人民内部的矛盾，以免陷入激化、扩大矛盾。

坚持四项基本原则，核心在于坚持党的领导。1993 年 9 月 16 日，邓小平同志就坚持四项基本原则做了重要谈话：“我们在改革开放初期就提出四个坚持，特别是党的领导。没有这四个坚持，特别是党的领导，什么事情也搞不好，会出问题。出问题就不是小问题。社会主义市场经济优越性在哪里？就在四个坚持。四个坚持集中表现在党的领导。这个问题可以敞开来说，我那个讲话没有什么输理的地方，没有什么见不得人的地方。”[10]中国改革开放的实践不但证明了坚持党

9 马克思恩格斯选集 . 第 3 卷 [M]. 北京：人民出版社，2012：55—56.

10 邓小平年谱（1975—1997）[M]. 下卷 . 北京：中央文献出版社，2004：1363.

的领导的重要性，而且证明了这一原则在坚持四项基本原则中的核心地位。一方面，我们党发动和领导了改革，改革事业进一步规定了党在整个社会主义建设过程中的领导地位，体现了党的生机和活力。广大人民群众在改革实践中越来越深刻地体会到坚持党的领导原则的重要性，认识到否定党的领导，就意味着否定整个改革事业，断送国家和人民的前途。另一方面，我们党只有在改革过程中，不断加强自身建设，端正党风，积极发挥先锋队的模范带头作用，才能更有效地执行自己的领导职能，带领全国人民实现建设社会主义强国的宏伟蓝图。

坚持四项基本原则，关键必须坚持马克思主义和毛泽东思想的指导地位。过去 30 多年来中国特色社会主义建设的成果充分显示了马克思主义和毛泽东思想的基本原理作为指导思想和方法论的巨大效能。具体地说，改革之所以取得显著的成就，从根本上讲是由于我们党认真贯彻了实事求是，一切从实际出发的马克思主义的认识路线，并根据马克思主义关于生产力是社会发展的根本动力的原理，以发展生产力为根本目的制定了一系列正确的改革方针和政策。通过改革开放，经济搞活了，思想解放了，生产发展速度加快了，人民的生活水平明显提高了，这不但使广大人民群众在一定程度上加深了对社会主义优越性的体会，而且向他们展示了我国社会主义发展的广阔前景。实践告诉我们，坚持四项基本原则，首先必须坚持马克思主义和毛泽东思想的指导地位。

坚持四项基本原则是改革开放的重要保障。必须指出，当前社会上仍有不少人无法摆正四项基本原则与改革开放的关系，认为二者是冲突的。这种看法并不正确。四项基本原则与改革开放并不矛盾，它们都是十一届三中全会以来党的基本路线的两个基本点，并行不悖，相互贯通。1987 年中国共产党第十三次代表大会召开，本届大会的政治报告突出强调了四项基本原则的重要性及其与改革开放的关系。报告指出，“坚持社会主义道路、坚持人民民主专政、坚持中国共产党的领导、坚持马克思列宁主义毛泽东思想这四项基本原则，是我们的立国之本。坚持改革开放的总方针，是十一届三中全会以来党的路线的新发展，它赋予四项基本原则以新的时代内容。坚持四项基本原则和坚持改革开放这两个基本点，相互贯通，相互依存，统一于建设有中国特色的社会主义实践”。十三大报告把四项基本原则提高到“立国之本”的高度上，强调了两个基本点在社会主义实践中的统一性。坚持四项基本原则，是党对社会主义现代化建设规律、党的建设规律和执政规律的科学揭示，为在改革开放和现代化建设的过程中坚持党的领导和社会主义方向，不断推进马克思主义中国化，提供了根本思想基础和政治保证。

坚持四项基本原则是“防止左反对右”的重要依据。在改革开放的过程中，有相当一部分人把握不住两个基本点的辩证关系。在他们的心目中，两个基本点似乎是一个天平的两端，无法两全。有些人打着改革开放的旗号试图否定四项基本原则，提出了“全盘西化”的要求；另外有一些人则在坚持四项基本原则的掩护下，试图否定改革开放的基本方针。由此形成了当今中国社会上“左”的和“右”的两种思潮。邓小平 1992 年在南方视察时，提出了一个重要论断：“右可以葬送社会主义，‘左’也可以葬送社会主义。中国要警惕右，但主要是防止‘左’。右的东西有，动乱就是右！‘左’的东西也有。

把改革开放说成是引进和发展资本主义，认为和平演变的主要危险来自经济领域，这些就是'左'。我们必须保持清醒的头脑，这样就不会犯大错误，出现问题也容易纠正和改正。"[11] 这一判断为正确贯彻党在社会主义初级阶段的基本路线，正确开展反对错误倾向的斗争指明了方向。

坚持四项基本原则是中国特色社会主义事业的根本政治保证。离开了四项基本原则，中国就不成其为社会主义国家，我们就不能建设中国特色社会主义。多年的经验表明，进行现代化建设必须要有正确的政治方向和坚强的政治保障。四项基本原则就是管建设和发展的政治方向、政治保障的。在新的历史条件下，由于国际战略格局发生深刻变化，由于中外不同思想文化相互激荡，由于我国社会经济成分、组织形式、就业方式、利益关系和分配方式日益多样化，由于各种深层次社会矛盾日益显露，妨碍现代化建设的不稳定、不安全因素明显增多，我们只有毫不动摇地坚持四项基本原则，才能扎实有效地维护改革、发展和稳定的大局，确保现代化建设事业稳步健康地向前发展。正如邓小平同志所告诫的："如果动摇了这四项基本原则中的任何一项，那就动摇了整个社会主义事业，整个现代化建设事业。"[12]

---

11 邓小平文选 [M]. 第 3 卷 . 北京：人民出版社，1993：375.
12 邓小平文选 [M]. 第 2 卷 . 北京：人民出版社，1994：173.

第二节
运用底线思维，处理改革、发展和稳定的关系

邓小平同志关于改革、发展和稳定之间关系的思考是运用底线思维的一个经典案例。如果把中国的社会主义事业作为一个有机整体来看，改革、发展和稳定本身都是关乎社会主义生死存亡的底线条件。用邓小平同志的话说，不改革开放，“只有死路一条”，发展才是硬道理，稳定压倒一切。因为在“文化大革命”刚结束的时间里，不论是故步自封、停滞不前，还是轻举妄动、社会动乱，都能轻易地丧失社会主义的最后堡垒。只有改革开放，发展经济，改善民生，才能赢得人民群众的支持和拥护，守住社会主义。就改革、发展和稳定本身所构成的小系统而言，底线思维的三条基本原则体现得淋漓尽致。稳定是进行改革开放和经济社会发展进步的底线条件，要想持续推进改革开放，必须牢固把守稳定的政治局面；在保持社会总体稳定的底线条件之上，经济社会的持续健康发展是我们追求的目标；而要想达到这样的目标，改革开放是最为有效的手段，它能为社会的发展提供持续的动力。

一、“稳定压倒一切”

邓小平同志非常重视稳定的大局对于中国发展的重要性。在对中国的社会主义事业作出准确的定位之后，邓小平同志提出了“稳定压倒一切”的重要论断。在“文化大革命”刚刚结束的那段时间里，已经被发动起来的人民群众的政治斗争的热情尚未完全退去。一时之间，各种声音甚嚣尘上，“左派”和“右派”之间的斗争尤其激烈。在国际上，中国所面临的形势非常严峻，不仅有来自美国的压力，还有来自苏联的压力。中国俨然成了一个“火药桶”，稍有不慎就有“炸锅”的危险。邓小平同志更加清醒地认识到，要想改变中国贫穷落后的面貌，要想让人民群众过上好日子，必须进行改革开放。而改革开放将为中国带来深刻的转型。转型意味着旧的矛盾还没有完全解决，新的矛盾又会一个接一个地冒出来。同时，改革意味着打破旧有的体制和旧的利益格局，“触动利益比触动灵魂还难”；开放意味着引进新的生产方式和新的思潮，“就像打开窗户，新鲜空气会进来，苍蝇蚊子也会飞进来”[13]。各种利益的碰撞，各种思潮的交锋，在一定的时期内将尤其激烈。稍有不慎，中国就有可能“天下大乱”。因此，稳定的局面对于中国的改革开放和发展都至关重要，是一条必须守住的底线。

邓小平同志强调，中国不能乱，只有保持社会大局的基本稳定，改革开放才能顺利推进，经济社会发展才有好的前提条件。他在不同场合多次讲到稳定问题，“我们搞四化，搞改革开放，关键是稳定。……

13 邓小平文选 [M]. 第 3 卷 . 北京：人民出版社，1993：210.

中国不能允许随便示威游行，如果三百六十五天，天天游行，什么事也不要干了，外国资金也不会进来了”。[14] 邓小平同志还提到，“中国的问题，压倒一切的是需要稳定。……中国一定要坚持改革开放，这是解决问题的希望。但是要改革，就一定要有稳定的政治环境”[15]。这就是后来广为人知的“稳定压倒一切”。邓小平同志以通俗易懂的语言把改革开放与社会稳定的关系讲得非常直白、非常透彻，对社会动向尤其是不安定因素保持着高度的警觉，以多种方式释放出决不允许乱的信号。经过中央和各级党组织、政府部门的艰苦工作，统一了思想认识，采取了切实有效的措施，排除了来自“左”的或“右”的干扰，保持了国家政治稳定，为继续推进改革开放提供了前提条件。

邓小平同志把安定团结的政治局面作为实现三步走战略的重要条件。1987 年 3 月 8 日，他在接见外宾时说，保持“国内安定团结的政治局面”“有领导有秩序地进行社会主义建设”，是实现“三步走发展战略”的重要条件之一。1987 年 6 月 29 日，邓小平同志又提出，“没有安定团结的政治环境，什么事情都干不成”[16]。1989 年 2 月 26 日，面对开始变得有些复杂的国内国际形势，他再次告诫全党，“中国的问题，压倒一切的是需要稳定。没有稳定的环境，什么都搞不成，已经取得的成果也会失掉”。[17]1990 年 12 月 24 日，邓小平同志强调：“我不止一次讲过，稳定压倒一切，人民民主专政不能丢。”[18] 在改革、

14 邓小平文选 [M]. 第 3 卷 . 北京：人民出版社，1993：286.
15 邓小平文选 [M]. 第 3 卷 . 北京：人民出版社，1993：284.
16 邓小平文选 [M]. 第 3 卷 . 北京：人民出版社，1993：244.
17 邓小平文选 [M]. 第 3 卷 . 北京：人民出版社，1993：284.
18 邓小平文选 [M]. 第 3 卷 . 北京：人民出版社，1993：363.

发展和稳定的关系中，邓小平同志尤其重视稳定，把它视为“压倒一切”的重任，这是邓小平同志有着鲜明的底线意识的体现。改革为国家的发展进步提供了动力，发展是我们追求的目标，而这一切离不开稳定的政治环境。丢掉了稳定，就丢掉了改革和发展的前提，一切都将无从谈起。

改革开放不仅是中国前所未有的壮举，在世界范围内也是绝无仅有的。这样的壮丽行动既没有现成的榜样可供参照，也没有成功经验可供模仿。要想走出一条开天辟地的新路，首先要维持国内局势的基本稳定。为了达到这一目标，邓小平同志以中国人特有的智慧提出了“摸着石头过河”的口号。随着改革开放进入深水区，不少同志开始怀疑邓小平同志这句话的适用性，并嘲笑说，“水深了，摸不到石头了”，邓小平同志的“摸着石头过河”的论断已经失效了。其实，这是缺乏思想、人云亦云的表现。“摸着石头过河”是一句俗语，邓小平同志强调的是在探索、摸索中寻找正确的道路。这句俗语的哲学含义是，只有在实践中才能找到正确的路线。邓小平同志用这句话强调的是，要重视实践的作用，因为实践是检验真理的唯一标准，要重视人民群众的首创精神，重视基层干部在实践中摸索出来的好方法。绝对不能简单地以“水深摸不到石头了”，来否定这句口号的重要价值。邓小平同志在推动改革开放中的实际行动就证明了这一点。

邓小平同志非常重视调查研究，注意从群众中寻找灵感，在调研中发现问题、解决问题，维护安定团结的政治局面。从 1978 年开始，他的足迹遍布大江南北，许多重要决策都是在调研中提出的。在邓小平同志所进行的这一系列调研中，以 1992 年南方谈话为标志达到了一个顶峰。1992 年，随着“苏东剧变”的发生，世界社会主义运动转入低潮，对国人的理想信念造成了极大的冲击。此外，受制于国际国内的形势，中国经济遭遇重大困难。1988 年的经济增长率高达 11.2%，到了 1989 年就骤降到 4.1%，1990 年更是滑到了 3.8%。与每一个普通的中国人一样，邓小平同志也感受到了改革开放的压力。他看在眼里，急在心上，因为他最担心的是随着经济滑坡，引发大范围的不安定因素爆发，进而导致改革开放发生逆转。1991 年年初，他在视察上海时就有针对性地提出，改革开放还要讲几十年，思想更解放一点，胆子更大一点，步子更快一点，并要求抓紧开发浦东，不要动摇，一直到浦东新区建成，带动上海和长江三角洲的加速发展。邓小平同志深知，改革开放的阻力和经济特区受到的责难，其要害在于姓“资”还是姓“社”问题。当时社会上有一种声音认为，“和平演变的主要危险来自经济领域”，邓小平同志认为这种观念的根在于“左”的错误倾向。为了解决这部分人的疑虑，他理直气壮地指出，“特区姓‘社’不姓‘资’”[19]；并且告诫全党，“右可以葬送社会主义，‘左’也可以葬送社会主义。中国要警惕右，但主要是防止‘左’”。[20]邓小平同志不主张搞“姓资”还是“姓社”的争论，不主张在“左”和右的问题上互不相让，扰乱稳定团结的局面。这是邓小平同志智慧的体现。他清醒地认识到，如果我们脱离如何摆脱贫穷、如何提高人民群众的生活水平这个中心问题，而去抽象地争论什么是社会主义、什么是资本主义，那是毫无意义的，只能拖累中国的发展步伐，最终

19 邓小平文选 [M]. 第 3 卷 . 北京：人民出版社，1993：372.
20 邓小平文选 [M]. 第 3 卷 . 北京：人民出版社，1993：375.

让整个国家在不堪重负中走向混乱、崩溃。

邓小平同志以极大的政治勇气维持了改革开放政策的稳定性。在现实生活当中，发展难免不碰到一些波折和困难，而每当有一点风吹草动，各种各样的思想、观点和论调都会出现，其中很多主张都认为改革开放过时了，以经济建设为中心不合适了，要因时而动、因势利导做出改变。邓小平同志从大局出发，始终坚信和平和发展是世界的主流，并没有因为周边的小摩擦、小战争而放弃改革开放的国策，维持了改革开放政策的稳定性和连续性，也维持了国内政治局势稳定的良好局面。

二、“发展才是硬道理”

1980 年 1 月 16 日，邓小平同志在中共中央召集的干部会议上指出，“说到最后，还是要把经济建设当作中心。离开了经济建设这个中心，就有丧失物质基础的危险。其他一切任务都要服从这个中心，围绕这个中心，决不能干扰它，冲击它”。[21] 邓小平同志又把这一思想归纳为“发展才是硬道理”。这是邓小平同志最广为人知的名言之一，也是他留给中国社会的遗训。“发展才是硬道理”不是标准的理论论述，它是一句口语，代表的是一种信念。邓小平同志一生见识广博，百折不回，他的这句话堪称对解决中国问题的高度总结。

“发展才是硬道理”本是一句朴实无华的话语，但是邓小平同志在特定的历史背景下说出这句话，无异于给中国指明了一条出路。

21 邓小平文选 [M]. 第 2 卷 . 北京：人民出版社，1994：250.

从1956年完成社会主义的“三大改造”，到1976年“文化大革命”结束，社会主义建设事业一直在曲折中摸索前进。到了“文化大革命”结束的时候，人民群众的生活水平不仅没有提升，反而有所下降。“1956年人均消费粮食408斤（市斤，每市斤合半公斤），1976年为380斤，减少28斤；食用植物油1956年人均消费5.13斤，1976年为3.19斤，减少1.94斤。从穿的方面看，1956年各种布的人均消费量是29.17尺，1976年为23.55尺，减少5.62尺。其中1968年每人只发了9尺布票。”[22]在这种背景下，唯有发展，唯有把改善民生作为第一要务，才能挽救社会主义。因此，发展不仅是破解一切难题的“总钥匙”，是解决一切问题的关键，而且是考验我们能否坚守住社会主义的底线条件。

在20世纪七八十年代，中国要想发展，条件是很差的。国内的经济底子薄，观念落后，意识形态僵化，国际上对中国的封锁也非常严重。面对此情此景，邓小平同志提出了“不管黑猫白猫，逮住耗子就是好猫”的口号，号召全国上下行动起来，为中国的发展出谋划策。多年以后，当我们的经济发展起来而社会道德却无可挽救地出现触目惊心的情形之后，开始有人质疑邓小平同志的“猫论”，指责这是实用主义的政策，甚至把它诠释为“为达目的不择手段”。但是，“猫论”绝对不是实用主义，也不是什么邪恶的理论，而是光明正大的历史唯物主义理论。“猫论”的目的是“逮住耗子”，也就是提高人民的生活水平。要提高人民群众的生活水平，就需要提高生产力水平、提高综合国力。这就是邓小平同志一以贯之地坚持的“三个有利于”标准，

22 中国统计年鉴1984年卷[M].北京：中国统计出版社，1984：477.

“三个有利于”的标准与实用主义并没有什么关系，而是历史唯物主义生产力标准的丰富和发展。同样的道理，“猫论”也绝对不是“为达目的不择手段”，因为邓小平同志的话里明确地说了，要用猫来逮耗子，猫有黑白胖瘦之分，但是不论什么颜色的猫都是猫。猫是最会抓耗子的，所以要用猫来抓耗子，这就是邓小平同志的方法。换句话说，在提高生产力的过程中，要采取的是最行之有效的方法和工具。

与“发展才是硬道理”相联系的是“贫穷不是社会主义”。可以说，“发展才是硬道理”的提出，意味着我们党历史上的一次伟大觉醒。这次思想上的觉醒孕育并迸发出了巨大的能量。一心一意谋发展，中国的面貌因此而彻底改变，过去的三十多年才是中华民族历史上从未有过的大变局，其激烈程度远超李鸿章所经历的“三千年未有之大变局”。究其原因，就是中央的政策极大地调动了亿万人民的积极性，使我国经济迅速走

奔腾向前　　新华社发　徐骏　作

2016 年 8 月，历史的脚步走到今天，一道难题横亘在全世界面前——经济增长缓慢，动力明显不足。彷徨之际，人们把期待的目光投向了中国杭州。“构建创新、活力、联动、包容的世界经济”，中方倡导提出的峰会主题，描画了未来的发展路径，把中国方案提供给世界。保持中高速增长，实现稳中向好，中国经济的良好表现，为推动世界发展作出了巨大贡献，将继续成为世界经济的重要引擎和稳定器，把一份强大的中国信心传递给世界。（新华社发　徐骏　作）

上快速发展的轨道。改革开放的30多年，是我国经济蓬勃发展的30多年，是我国综合国力和国际影响力由弱变强的30多年。历史昭示未来。唯有坚持改革开放，国家发展才能获得源源不断的强大动力，党和人民才能在时代潮流中大有作为，中国特色社会主义事业才能枝繁叶茂、生机无限。

政之所兴在顺民心。发展的根本力量在于群众，发展的最终目的是造福百姓，因此，必须正确地处理经济发展与民生改善的关系。一方面，经济发展是改善民生的物质基础，经济上不去，民生问题就解决不好，民心就抓不住，稳定最终也保不住。许多涉及社会稳定和长治久安的深层次问题，都必须通过发展来解决。另一方面，改善民生是经济发展的根本目的。既不能简单地以国内生产总值增长率论英雄，为了发展而发展，也不能把改善民生看成是单纯的福利问题，认为增加民生方面的投入会影响发展。因为民生工程不仅是惠民工程，实质上也是发展工程。社会主义经济发展的根本目的，就是要不断提高人民群众的物质与文化生活水平，使人们过上更好生活的新期待得以实现，而民生工程的许多项目，也都是直接或间接促进发展的。

发展是实现社会公平正义的必由之路。改革开放30多年，中国从人均GDP几百美元的穷国一跃上升为人均GDP 6000多美元的中等收入国家。经济基础的变化总是会带来意识形态的变化，这一点在当今社会中的体现是，不少人“端起碗吃肉，放下筷子骂娘”，他们骂这个社会缺少公平正义。如今，“左派”和“右派”都高举公平大旗，甚至有一些大企业业主身家亿万，从不改善雇员工资和福利，也成为振臂高呼公平的风云人物。中国社会出现了比较严重的分配不公，这绝对是整个社会都在追求公平正义的根本原因。但是，必须看到，公平正义不是喊两句口号就能有的。中国人曾经在铺天盖地的“公平”口号之下生活过，那时的情形怎么样呢？20世纪六七十年代，所有中国人差不多住同样的小房子，挣差别不大的工资，甚至穿同样的衣服，留同样的发型。情况的改变从中国公开鼓励“一部分人先富起来”开始。思路决定出路，思路一旦转变，整个中国的面貌都发生了翻天覆地的变化，中国从那时起创造了震惊世界的发展速度。可以说，今天整个社会再次要求公平正义，其意义和30多年前已经大不相同，解决公平的出路也不能是回到30多年前的“大锅饭”时代，而是要通过发展，创造更多的财富、机会，让每一个中国人共享发财致富、自我实现的机会。“发展才是硬道理”应继续作为中国社会的座右铭被铭记，没有发展提供的财富和机会，公平正义只能是空中楼阁。

三、不改革开放，“只有死路一条”

关于改革开放之于中国的重要意义，邓小平同志曾经明确地告诫全党和全国人民：“不坚持社会主义，不改革开放，不发展经济，不改善人民生活，只能是死路一条。基本路线要管一百年，动摇不得。只有坚持这条路线，人民才会相信你，拥护你。谁要改变三中全会以来的路线、方针、政策，老百姓不答应，谁就会被打倒。”[23] 邓小平同志在讲话中以空前严厉的语气使用了“死路一条”“会被打倒”，这足见邓小平同志对于改革开放事业的重视。邓小平同志念兹在兹的

23 邓小平文选 [M]. 第3卷. 北京：人民出版社，1993：370—371.

都是“改革开放”，其中的原因就是，改革开放既是中国特色社会主义的唯一出路，又是实现中国发展的必由之路。丢掉了改革开放，中国的社会主义和经济社会发展都将丧失最基本的底线条件。

十年“文化大革命”，再加上两年的犹豫徘徊，党和国家积弊甚多。中国的前途在哪里？中国社会主义的命运将怎样？如何对这个关乎历史方向的大问题做一份历史和人民都满意的答卷，重任落在了邓小平同志身上。邓小平同志没有辜负全党和人民的期望，他以极大的政治勇气和远见卓识，开辟出了一条改革开放的新路。邓小平同志是名副其实的改革开放总设计师，总是站在改革开放的潮头上，以敏锐的目光注视着中国发展的前景，以其深邃的思想精心设计改革开放的蓝图。他立足于中国的国情，在改革开放的不同阶段制定相应的战略目标，提出明确的发展方向，既有总体的宏观规划，又有量化的具体要求，引导改革开放迈上一个又一个台阶。

1977 年 7 月，中共十届三中全会通过决议，恢复邓小平同志原来担任的中共中央副主席、中央军委副主席、国务院副总理、人民解放军总参谋长等职务。当时已是 73 岁高龄的邓小平同志在大会上说：“出来工作，可以有两种态度，一个是做官，一个是做点工作。我想，谁叫你当共产党人呢，既然当了，就不能够做官，不能够有私心杂念，不能够有别的选择。”[24] 当历史的重任落在邓小平同志肩头，这位共产党员首先想到的是要为党和国家“做点工作”。话虽说得轻巧，但是作为一个具有远大谋略的战略家，邓小平同志所说的“做

24 邓小平思想年谱（1975-1997）[M]. 北京：中央文献出版社，1998：29—30.

点工作”可不是普通的日常政务，而是要为党和国家找到一条长治久安的道路。这条道路，邓小平同志在江西接受监督劳动期间就反复思考过，1975 年代替周恩来同志主持中央日常工作时也曾以全面整顿的方式做过实验。

为了顺利推进自己心目中的计划，邓小平同志首先从统一全党的思想入手。他大力支持真理标准问题大讨论，鼓励破除迷信，解放思想，并在 1978 年的中央工作会议上提出“解放思想是当前的一个重要政治问题”。在解放全党和全国思想的同时，邓小平同志还以很大的精力拨乱反正，大规模平反冤假错案，解决历史遗留问题，调整好各方面的社会关系，实现安定团结。解放思想的宣言书吹响了改革开放的号角，解决历史遗留问题为改革开放作了充分的政治准备。

在党的十一届三中全会上，中央作出了把党的工作重点转移到以经济建设为中心上的战略决策。这一转变必然要求多方面地改变同生产力发展不相适应的生产关系和上层建筑，改变一切不适应的管理方式、活动方式和思想方式。农业是国民经济的基础，中国的改革首先从农村起步，又一次走上“农村包围城市”的道路。邓小平同志十分尊重农民的首创精神，热情支持安徽凤阳县小岗村实行包产到户的壮举，充分肯定安徽、四川等地率先进行农村改革的试验，并说这个发明权是农民的。当农村改革遇到阻力和困难时，邓小平同志又旗帜鲜明地推广农村改革的典型经验，打破当时普遍存在的畏惧心理，逐步在全国农村建立起联产承包责任制，农业生产面貌得到明显改变。随着农村改革的深入，乡镇企业异军突起，如雨后春笋般蓬勃发展起来，既解决了农村富裕劳动力的出路问题，又增加了农民收入，反过来加大对农业的支持。邓小平对这一新生事物的出现给予很高评价，并以优惠政策大力扶持。在农村改革获得成功的基础上，邓小平又把关注点转移到城市经济体制的改革，扩大企业自主权，建立经济责任制，并对城市经济的生产、流通、交换、分配等方面进行了配套改革，在公有制的基础上实行有计划的商品经济，千方百计提高经济效益。邓小平还十分重视政治体制的改革，1980 年 8 月邓小平同志在中央政治局扩大会议上代表党中央作了《党和国家领导制度的改革》的重要讲话，深刻分析了现行政治体制中存在的弊端及其产生的根源，精辟论述了政治体制改革的目的和意义，并提出对党和国家领导制度实行六项重大改革措施，为我国政治体制改革指明了方向。在邓小平同志的指引下，经过几年的努力，全面改革的新局面初步形成。

邓小平同志总结了明、清两朝长期闭关自守，把中国搞得贫穷落后、愚昧无知的教训，多次强调搞“四个现代化”，不开放不行。20 世纪 70 年代，他频繁出访，通过对发达国家日新月异科学技术的切身感受，策划我国的对外开放政策。1979 年 4 月，邓小平在听取广东省委汇报时，认为给广东某些特殊政策是个好主意。对外开放要找一个突破口，办好试验场。总要有人迈出第一步，才能开拓新路。当大家纷纷议论取个什么名称时，邓小平同志脱口而出：“就叫特区吧！过去陕甘宁边区就是特区嘛。”不久，深圳、珠海、厦门、汕头四个经济特区相继建立起来。邓小平同志满怀激情地鼓励特区：“中央没有钱，可以给政策，从这里‘杀出一条血路来’。”实践证明，经济特区在吸引外资和侨资，借鉴国外先进技术和管理经验、增加出口创汇等方面给全国作出了示范，产生了巨大的影响。正如邓小平同志后来所说："特区是个窗口，是技术的窗口，管理的窗口，知识的窗口，也是对外政策的窗口。"[25]这个窗口的成功建立，在国内建设起对外开放的决心和信心，在国外透过特区看到了中国发展的机遇和前景，对外开放迈开了可喜的一步。

1982年9月，邓小平同志在党的十二大致开幕词时，第一次提出了"建设有中国特色的社会主义"的重大命题，并点明这是我们总结长期历史经验得出的基本结论，为中国的发展进步铺就了一条光明的道路。全党和全国各族人民在邓小平的指导下，经过几年的艰苦努力和创造性劳动，使改革开放成为新时期最鲜明的特点，成为中国社会的主旋律，开启了一个新时代。邓小平同志在与党内同志交流或与外国政要谈话中，多次讲到改革开放的发展规划和战略目标。他认为，我们搞的现代化，只能是中国式的现代化，因为中国人口多，底子薄，科学技术落后，不能与发达国家比，发展目标不能定得太高，不能重犯急躁冒进的错误。邓小平同志提出了我国现代化建设"三步走"的战略部署：第一步是到20世纪80年代，人均国民生产总值翻一番，以1980年为基数，当时人均国民生产总值只有250美元，翻一番达到500美元，解决温饱问题。第二步是到20世纪末，人均国民生产总值再翻一番，达到1000美元，进入小康水平。第三步是到21世纪用30年到50年时间，人均国民生产总值再翻两番，大体上达到人均4000美元，进入中等发达国家的行列。这些发展目标不高，但做起来不容易，对于我们来说已经是壮志雄心了。邓小平同志提出的"三

25 邓小平文选 [M]. 第3卷 . 北京：人民出版社，1993：51—52.

图表：改革开放以来我国农村贫困人口减少7亿
（新华社发　大巢制图）

步走”发展战略，使全党和全国各族人民看到了改革开放的光明前景和美好未来，受到很大的鼓舞，调动了亿万人建设四个现代化的积极性。中国社会主义现代化建设的进程，正是按照总设计师绘制的这个宏伟蓝图一步步推进的。

1984 年 1 月 22 日至 2 月 17 日，邓小平先后到深圳、珠海、厦门经济特区和上海考察，亲眼看到这几个对外开放的重点地区发展势头强劲，一派繁荣景象，心中十分高兴。同时，他也听到了一些人指责特区，把特区比作旧中国的“租界”，甚至提出了“风风雨雨几十年，一夜回到解放前”的议论。邓小平回到北京以后，高调亮明自己的立场。他说：“建立经济特区，实行改革开放政策，有个指导思想要明确，就是不是收，而是放。”[26] 邓小

26 邓小平文选 [M]. 第 3 卷 . 北京：人民出版社，1993：51.

平同志还说，“可以考虑再开放几个港口城市，如大连、青岛。这些地方不叫特区，但可以实行特区的某些政策。我们还要开发海南岛，如果能把海南岛的经济迅速发展起来，那就是很大的胜利。”[27]在这一精神的鼓励下，1984 年 5 月，中共中央、国务院批准《沿海部分城市座谈会纪要》，正式确定大连、秦皇岛、天津、烟台、青岛、连云港、南通、上海、宁波、温州、福州、广州、湛江、北海 14 个港口城市对外开放。1985 年 1 月，中央召开长江三角洲、珠江三角洲、闽南三角地区座谈会，2 月正式批准上述三个地区划为沿海经济开放区。随后，中央又相继开放内地和沿边地区的城市，形成了多层次、全方位、点面结合的对外开放格局，有力推动了我国社会主义现代化建设。

邓小平同志之于改革开放远不止于开启了改革开放的进程，更重要的是，他在对改革开放出现疑虑的重要关头，力挺改革开放，把改革开放推向了一个新阶段。改革开放是一场深刻的革命，前进的道路上不可能一帆风顺。1989 年国内发生了政治风波，国际上借机掀起反华狂潮，西方国家联手对华实施“制裁”，中国的改革开放面临着空前的压力和挑战。当时中国正赶上中央主要领导人的更换，有不少同志开始对党的十三大政治报告产生怀疑，实质上是对改革开放政策发生动摇。这是一个危险的倾向，如不及时纠正，十年改革开放的成果就可能付诸东流。

在危急关头，邓小平同志力挽狂澜，斩钉截铁地说：“改革开

---

27 邓小平文选 [M]. 第 3 卷 . 北京：人民出版社，1993：52.

放政策不变，几十年不变，一直要讲下去。国际和国内都很关心这个问题。要继续贯彻执行十一届三中全会以来的路线、方针、政策，连语言都不变。十三大政治报告是经党的代表大会通过的，一个字都不能动。”[28] 邓小平同志认识到，面对国内低落的士气，仅仅讲几句话并不足以扭转局面。于是，他又在 1992 年 1 月 18 日至 2 月 21 日，不顾 88 岁高龄和身上的病痛，以高度的政治责任感，先后到武昌、深圳、珠海、上海等地视察，35 天里行程 6000 多公里，边走边讲，发表了一系列影响深远的谈话。针对一些人对马克思主义信念的动摇，他提出，“我坚信，世界上赞成马克思主义的人会多起来的，因为马克思主义是科学”。[29] 针对有不少人质疑党的工作路线，邓小平同志以刚毅的意志品质提出，“党的十三大概括的‘一个中心、两个基本点’对不对？两个基本点，即四个坚持和改革开放是不是错了？我最近总在想这个问题。我们没有错”[30]。他给全党上下打气鼓劲儿说：“总结我们过去十年。我们的一些基本提法，从发展战略到方针政策，包括改革开放，都是对的。要说不够，就是改革开放得还不够。”[31] 邓小平同志思想敏锐，意志坚定，他始终站在改革开放的前列，引导人们继续前进。

28 邓小平文选 [M]. 第 3 卷 . 北京：人民出版社，1993：296.
29 邓小平文选 [M]. 第 3 卷 . 北京：人民出版社，1993：382.
30 邓小平文选 [M]. 第 3 卷 . 北京：人民出版社，1993：305.
31 邓小平文选 [M]. 第 3 卷 . 北京：人民出版社，1993：307.

第三节
确立制度底线，开创中国特色社会主义

“中国特色社会主义”是以邓小平同志为代表的中国共产党人在中国的社会主义面临着“被葬送”的危险时为挽救党和国家的事业而做出的一大创举。“中国特色社会主义理论”的提出使得我们党守住了党、民族和国家生存和发展的底线。当“文化大革命”终于结束了的时候，它已经把中国拖入崩溃的边缘。在当时的情形下，如果继续“文化大革命”时期的路线，不深刻总结、做出改变，中国将陷入亡党亡国的危险境地。改革是必须的，但是要往哪里改？步子迈多大才算合适？彻底抛弃社会主义可以吗？

1956年进行社会主义改造时，中国的新民主主义制度刚刚确立不久，在经济、政治、社会等各方面的建设都还没有跟上的情况下，“跑步进入社会主义”给中国的发展带来很多不适。社会主义优越于资本主义的根本原因是，社会主义以公有制为主体的生产关系和与之相适应的上层建筑，从总体上基本适应了社会化大生产中先进生产力的发展要求。中国新民主主义社会所蕴藏的巨大生产力还没来得及释放，就被社会主义制度取代，这种情形下确立起来的社会主义不仅无法展示自身的优越性，反倒在一定程度上束缚了生产力的发展。但是在社会主义制度实行了 30 年之后，再退回到新民主主义制度真的是一剂良药吗？再退回到新民主义，其最为直接的后果就可能是对毛泽东同志领导的 30 年社会主义建设历程的全盘否定。全盘否定前任领导人所带来的恶果已经在苏联彻底暴露出来，那样的恶果将是中国无法背负的重担，最终必然会压垮我们党，葬送全国人民辛辛苦苦攒下的薄弱家底。

怎么办，往哪里走？这个关乎中国历史走向的问题拷问着邓小平同志的内心，也在考验着他的智慧。经过深思熟虑，他提出了“走自己的路，建设有中国特色的社会主义”的科学论断。这个论断是中国共产党依据毛泽东同志倡导的马克思主义普遍真理同中国具体实际相结合的原则、总结长期探索所积累的经验而提出的一个伟大命题。

一、全面突破“苏联模式”

邓小平同志以马克思列宁主义、毛泽东思想为指导，创造性地提出了中国特色社会主义理论。这一理论的提出，是对苏联社会主义模式的全面突破。邓小平同志对苏联模式的制度性问题有着深刻认知。在十一届三中全会之前，邓小平同志就曾说过：“从总的状况来说，我们国家的机构体制基本上是从苏联来的，是一种落后的东西……有好多体制问题要重新考虑。”[32] 1985 年 8 月，他在接见穆加贝时提到了，

32 邓小平思想年谱（1975-1997）[M]. 北京：中央文献出版社，1998：77.

“社会主义究竟是个什么样子，苏联搞了很多年，也并没有完全搞清楚。可能列宁的思路比较好，搞了个新经济政策，但是后来苏联的模式僵化了”[33]。1986年9月，邓小平同志在接见波兰领导人时还说道，“我们两国原来的政治体制都是从苏联模式来的，看来这个模式在苏联也不是很成功的”[34]。可以说，中国的改革开放就是针对国内的苏联模式展开的。改革是要改掉苏联模式中阻碍生产力发展和社会公平正义的因素；开放是为了引进不同于苏联模式的能够促进生产力发展的因素。从中国改革开放一开始，邓小平同志就以他对苏联模式的深刻认识，从制度的层次上设计中国的改革开放，最终实现了对“苏联模式”的全面突破。这种突破主要体现在以下四个方面：

首先，在如何认识阶级斗争的问题上，中国特色社会主义突破了苏联模式的错误认知。老一辈的无产阶级革命家早就认识到，在无产阶级取得政权以后，应该缓和阶级斗争，保证国内的和平局面。例如，布哈林就曾提出，无产阶级专政建立起来以后，“一般来说不是推行加剧阶级斗争的路线，而是相反，实行在一定程度上缓和阶级斗争的政策”[35]。列宁也在《论合作社》中提出了把“工作重心”由大规模的阶级斗争转移到“和平的‘文化’组织工作”方面，即经济建设上来的问题[36]。邓小平同志吸取了苏联和中国社会主义建设中的经验和教训，在党的十一届三中全会上果断结束“以阶级斗争为纲”的

33 邓小平文选 [M]. 第3卷 . 北京：人民出版社，1993：139.
34 邓小平文选 [M]. 第3卷 . 北京：人民出版社，1993：178.
35 布哈林文选上册 [M]. 北京：人民出版社，1981：294—295.
36 列宁全集 [M]. 第43卷 . 北京：人民出版社，1984：367.

工作思路，把我们党的工作重心转移到了经济建设上。自此以后，党的工作方针发生了战略性的转变。这是对苏联模式和斯大林体制的一个重大突破。

其次，在政治体制上，中国特色社会主义注重民主和政治体制改革，突破了苏联模式的"人治"模式和"家长制"作风。从斯大林开始，个人崇拜就成了苏联模式的一个重要特征，正是因为斯大林有着至高无上的个人权威，他才能发动对苏联老共产党员的"大清洗"。在新中国成立后的很长一段时间内，"个人崇拜"和"家长制"也在我们党内成长起来，给社会主义建设事业带来了严重的挫折。邓小平同志深刻地认识到了这一问题，他说："在总结经验的基础上，党的十一届三中全会提出一系列新的政策。就国内政策而言，最重大的有两条，一条是政治上发展民主，一条是经济上进行改革，同时相应地进行社会其他领域的改革。"[37]邓小平同志所说的政治体制改革，就是要"在政治上创造比资本主义国家的民主更高更切实的民主"，实现"党和国家政治生活民主化"[38]。邓小平同志提出的我国政治体制改革的任务和目标，已使中国的政治体制与苏联模式划清了界限。

再次，在对待市场经济和姓"资"姓"社"的问题上，中国特色社会主义突破了苏联模式的狭隘认识。早在新经济政策时期，列宁就主张运用市场来发展国民经济，这一做法是符合马克思主义的基本原理的。马克思指出，东方国家没有经过资本主义的财富积累，在建立社会主义之后，要主动利用市场来发展经济。不幸的是，在列宁辞

37 邓小平文选 [M]. 第 3 卷 . 北京：人民出版社，1993：116.
38 邓小平文选 [M]. 第 3 卷 . 北京：人民出版社，1993：322.

世以后，斯大林在20世纪二三十年代开始“向资本主义全面进攻”，否定了市场经济，对资本主义展开了全面的批判，把苏联的经济转变成了彻头彻尾的计划经济。斯大林对市场经济和姓“资”姓“社”问题的认识是非常狭隘的，他固执地把计划经济看作社会主义制度的本质，而将市场视为资本主义的本质。由于没有先例可遵循，新中国成立以后，长期实行计划经济。计划经济尽管释放了一定的生产力，但是在长达二三十年的历史中，它逐渐演变为发展经济的最大桎梏。邓小平同志突破了这种僵化的认识，他把市场和计划都看作手段，资本主义可以有“计划”，社会主义也可以用市场。在邓小平同志的基础上，中国创造性地开创了“社会主义市场经济”的发展模式。社会主义市场经济是中国特色社会主义的核心内容之一，是对斯大林否定市场的狭隘认识的重大突破。

最后，在发展的目标上，中国特色社会主义突破了苏联模式的“国家至上”思想，以提高民生作为自己最为重要的追求。俄罗斯一直有很强大的国家主义传统，从彼得大帝时代起，俄罗斯就非常重视军事工业和重工业，而对民生比较忽视。斯大林继承了这一传统，他领导下的苏联走的是一条优先发展重工业的道路。优先发展重工业并没有什么错误，甚至在特定的历史时期有其合理性。但是由于国家主义思想作祟，苏联的重工业发展达到了畸形的程度，带有浓重的军事化特征。为了发展重工业和军事工业，农民要被迫向国家缴纳沉重的“赋税”，民生迟迟得不到改善，城市居民和工人的工资与生活长期保持在一种低水平上。在苏联1932—1933年严重饥荒时期，民众缺粮，饥饿待毙，斯大林甚至在此时仍出口粮食，换取工业设备。在建国之后，受苏联的影响，毛泽东同志同样走了一条优先发展重工业的道路。在这一思想的指导下，中国很快建立起了较为完备的工业体系，为国民经济的复兴做出了重要贡献。但同时过度发展重工业也带来了一定的弊端。例如，为了大炼钢铁，甚至不惜把老百姓从事生产的工具融化掉。由于工业与农业严重不协调，当1958—1961年自然灾害发生时，中国部分地区出现了“饿殍遍野”的惨剧。邓小平同志深刻总结了这一教训，提出了“三个有利于”的标准。他强调，中国的发展不能再片面追求钢铁产量，不能再畸形发展重工业，而要优先发展农业和轻工业，切实提高人民生活水平，以改善民生为目标。这种发展思路无疑是对苏联片面发展重工业和军事工业的突破，也是对苏联忽视民生的发展模式的突破。

中国特色社会主义的一个重大贡献就在于，它全面突破了苏联模式的框架。它不再“以阶级斗争为纲”，把工作重心转移到了经济建设上；它坚持发展社会主义民主政治，以扩大党内民主带动人民民主，实行决策民主化、科学化；它创造性地回答了社会主义和市场经济的关系，开创了社会主义市场经济；它不再盲目追求国家的经济规模，而是实实在在地追求人民群众生活水平的提高。中国特色社会主义立足于我国社会主义初级阶段的基本国情，打破封闭僵化和因循教条，一步步开辟了中国特色社会主义道路。

二、科学回答社会主义的本质

邓小平理论的重要贡献体现在，“深刻地揭示社会主义的本质，把对社会主义的认识提高到新的科学水平”。邓小平对社会主义本质的认识并非一蹴而就，而是经历了比较长的历史过程。邓小平同志1978年秋天对社会主义本质破题，直到1992年春天才对这一问题进行完整回答。邓小平同志创造性地回答了社会主义的本质，为中国特色社会主义的开创铺平了道路。而邓小平同志回答社会主义本质的历程，明显地体现了他运用底线思维的技巧。

之所以说邓小平同志在回答社会主义的本质时运用了底线思维，是因为他是从什么不是社会主义入手来破题的。一开始，邓小平同志对社会主义的思考还没有上升到本质的高度，他是从社会主义的优越性开始思考这一问题的。1978年3月10日在国务院第一次全体会议上，他曾向全党上下发出惊天一问："什么叫社会主义？它比资本主义好在哪里？每个人平均六百几十斤粮食，好多人饭都不够吃，28年只搞了2300万吨钢，能叫社会主义优越性吗？"1978年9月16日，邓小平同志在长春发表讲话时提出，"现在在世界上我们算贫困的国家，就是在第三世界，我们也属于比较不发达的那部分。我们是社会主义国家，社会主义制度优越性的根本表现，就是能够允许社会生产力以旧社会所没有的速度迅速发展，使人民不断增长的物质文化生活需要能够逐步得到满足。按照历史唯物主义的观点来讲，正确的政治领导的成果，归根结底要表现在社会生产力的发展上，人民物质文化生活的改善上。如果在一个很长的历史时期内，社会主义国家生产力发展的速度比资本主义国家慢，还谈什么优越性？"[39]不难发现，邓小平同志把社会主义的优越性概括为两个方面：生产力的发展和人民

39 邓小平文选 [M]. 第2卷. 北京：人民出版社，1994：128.

生活水平的提高。这两点构成了邓小平同志思考社会主义优越性的立足点。可见，邓小平已经比较明确地触及到了社会主义本质的关键问题，实现了这一问题的破题。

当然，邓小平对社会主义本质的认识也有一个逐渐深化的过程。大体上经历了以下几个阶段：第一阶段，他在 1978 年提出社会主义要“消灭剥削”和“贫穷不是社会主义”。“消灭剥削”是每一个以马克思主义为指导思想的政党都要坚持的，中国共产党人当然也没有忘记“消灭剥削”的最终目标。邓小平同志对于“消灭剥削”也是始终不渝地坚持的，早在 1965 年他就明确提出，“社会主义归根结底是消灭剥削制度”。在坚持“消灭剥削”为最终目标的前提下，邓小平从与社会主义的优越性格格不入的现象入手思考社会主义。他提出，“社会主义要表现出它的优越性，哪能像现在这样，搞了二十多年还这么穷，那要社会主义干什么？”[40] 这是邓小平同志针对实际现象对社会主义本质进行的初步归纳。

第二阶段，邓小平同志在 1980 年明确提出社会主义要“发展生产力”。他在会见几内亚总统艾哈迈德·杜尔时说：“社会主义是一个很好的名词，但是如果搞不好，不能正确理解，不能采取正确的政策，那就体现不出社会主义的本质。”[41] 邓小平同志还说，“根据我们自己的经验，讲社会主义，首先就要使生产力发展，这是主要的。只有这样，才能表明社会主义的优越性。社会主义经济政策对不对，归根到底要看生产力是否发展，人民收入是否增加。这是压倒一切的标准。

40 邓小平文选 [M]. 第 2 卷 . 北京：人民出版社，1994：130.
41 邓小平文选 [M]. 第 2 卷 . 北京：人民出版社，1994：313.

空讲社会主义不行，人民不相信。”[42]在这次谈话中，邓小平同志开始使用“社会主义本质”，这表明他已经开始从理论层面考虑社会主义本质的问题。在思考社会主义的本质时，邓小平同志总是从最坏处着手，把“搞不好”“不能正确理解”会出现什么样的恶果作为思考这个问题的切入点。这种做法充分体现了邓小平同志的底线思维及其现实针对性。

第三个阶段，1985 年前后邓小平同志提出社会主义要“解放生产力，发展生产力”。他说：“我们的经济改革，概括一点说，就是对内搞活，对外开放。……对内搞活经济，是活了社会主义，没有伤害社会主义的本质。”[43]他明确提出，“改革”是“为了扫除发展社会生产力的障碍”，这种说法可以视为“解放生产力”的雏形。他还谈到：“过去我们搞土地革命，是解放生产力，现在搞体制改革也是解放生产力，这也是一场革命。”[44]这标志着“解放生产力”进入到了“社会主义本质论”的理论框架之中。

到了 1990 年，邓小平同志开始突出强调社会主义要“消灭剥削，消除两极分化，最终达到共同富裕”。1990 年 12 月 24 日，邓小平同志在同江泽民同志、杨尚昆同志、李鹏同志谈话时再次谈到“社会主义本质”。值得注意的是，这次他谈到了共同富裕问题。他指出：“社会主义最大的优越性就是共同富裕，这是体现社会主义本质的一个东西。如果搞两极分化，情况就不同了，民族矛盾、区域间矛盾、

42 邓小平文选 [M]. 第 2 卷 . 北京：人民出版社，1994：103.
43 邓小平文选 [M]. 第 3 卷 . 北京：人民出版社，1993：135.
44 邓小平年谱（1975—1997）（下）[M]. 北京：中央文献出版社，2004：1072.

阶级矛盾都会发展，相应地中央和地方的矛盾也会发展，就可能出乱子。”[45]邓小平同志之所以在1990年前后突出强调了“共同富裕”的问题，是因为经过十多年的努力，经济社会高速发展，社会上的两极分化问题已经开始出现，并有愈演愈烈之势。他早就告诫全党上下：“社会主义的目的就是要全国人民共同富裕，不是两极分化。如果我们的政策导致两极分化，我们就失败了；如果产生了什么新的资产阶级，那我们就真是走了邪路了。”[46]

经过以上理论准备，到了1992年“南方谈话”时，邓小平完整概括了“社会主义的本质”。或许会有人质疑，既然社会主义本质理论中各个组成部分在此之前早就被提出来过，再把它们糅合在一起还有什么理论创新的意义吗？必须指出，这种质疑是思想片面的表现。邓小平同志将多年来的探索和思考凝练地概括为，“社会主义的本质，是解放生产力，发展生产力，消灭剥削，消除两极分化，最终达到共同富裕”[47]。这一论断把此前零散的理论要素整合成了一个有机的理论整体。邓小平凭借卓越的思维能力，将几个重大理论板块，融合成一个相互联系、相互依托、相互促进的有机整体，各元素缺一不可。这一科学论断，自它诞生起就展现了巨大的理论和实践价值，已经被20多年来的理论研究和社会实践所证明。例如，正是由于精练地概括了“社会主义的本质”，邓小平才能掷地有声地向全国人民宣示，“计划多一点还是市场多一点，不是社会主义与资本主义的本质区别”，

45 邓小平文选 [M]. 第3卷. 北京：人民出版社，1993：364.
46 邓小平年谱（1975—1997）（下）[M]. 北京：中央文献出版社，2004：1032.
47 邓小平文选 [M]. 第3卷. 北京：人民出版社，1993：373.

因为计划和市场都是服务于“解放生产力”和“发展生产力”的。同时，邓小平同志也能够更有说服力地回答“共同富裕”问题：“什么时候突出地提出和解决这个问题，在什么基础上提出和解决这个问题，要研究。可以设想，在本世纪末达到小康水平的时候，就要突出地提出和解决这个问题。”[48]

今天距离邓小平同志完整地提出社会主义本质论已经过去 20 多年了。这一时期，中国迅速腾飞，取得了举世瞩目的成就。对照社会主义本质理论的要求，今天我们的生产力水平得到了极大的发展，这是我们的成绩。然而，随着贫富差距的拉大，“共同富裕”的问题直到今天也没有得到很好的解决。正如邓小平当年指出的，“过去我们讲先发展起来。现在看，发展起来以后的问题不比不发展时少”。[49]正是因为发展起来之后的问题更多，有些人开始质疑邓小平同志的社会主义本质理论，认为共同富裕是一个无法实现的乌托邦。事实上，在邓小平同志提出“共同富裕”时，是想到了具体的实现途径的，那就是通过“先富”带动“后富”，最终实现“共富”。1992 年，邓小平在视察南方时，再次回顾说：“走社会主义道路，就是要逐步实现共同富裕。共同富裕的构想是这样提出的：一部分地区有条件先发展起来，一部分地区发展慢点，先发展起来的地区带动后发展的地区，最终达到共同富裕。”他还说：“一部分地区发展快一点，带动大部分地区，这是加速发展、达到共同富裕的捷径。”[50]可见，贫富差距

48 邓小平文选 [M]. 第 3 卷 . 北京：人民出版社，1993：374.
49 邓小平年谱（1975—1997）（下）[M]. 北京：中央文献出版社，2004：1364 .
50 邓小平文选 [M]. 第 3 卷 . 北京：人民出版社，1993：374.

只要控制在一定的范围内，就不会成为社会不稳定因素的催化剂，而是实现共同富裕的必由之路。在当下，当贫富差距越发悬殊的时候，就需要国家利用多种多样的手段来进行二次分配，从而恰当地管控社会贫富差距。

三、开创中国特色社会主义

邓小平同志是中国特色社会主义道路的开辟者、中国特色社会主义制度的开创者、中国特色社会主义理论体系的主创者。中国特色社会主义是邓小平同志在党和国家面临严峻考验的形势下作出的战略选择，足以被视为挽救党和国家前途命运的大创造。它既摆脱了苏联模式的僵化政治、经济、文化体制对社会发展的束缚，又保存了社会主义的火种；既没有走封闭僵化的老路，也没有走改旗易帜的邪路。这充分地体现了“着眼于最坏、力争最好”的底线思维特征。党的十八大报告说：“道路关乎党的命脉，关乎国家前途、民族命运、人民幸福。”其后，习近平同志又指出：“道路问题是关系党的事业兴衰成败第一位的问题，道路就是党的生命。”邓小平同志正是在新时期伊始面临中国往何处去的关键抉择的关键时刻，深刻思考和正确处理道路问题的第一人。邓小平作出开创性的贡献，有以下几个方面的原因。

首先，邓小平同志勇敢解放思想，直面“什么叫社会主义”这一根本性的问题。邓小平同志深刻总结新中国成立以来的历史经验，认定中国的建设之所以出现了重大挫折，原因是对“什么是社会主义”这个事关全局的问题没有形成正确的理解，全党上下在这个问题上思想过于僵化，被苏联模式绑住了手脚。他在 1980 年 4 月的一次谈话中指出：“不解放思想不行，甚至于包括什么叫社会主义这个问题也要解放思想。”[51]在“左”的思想笼罩着中国的形势下，这一问题无异于石破天惊，因为苏联模式一直被视为“正统”，对它稍有怀疑都会被视为离经叛道，要受到严重惩罚的。当年邓小平同志还提出了一个重要的看法，“社会主义制度并不等于建设社会主义的具体做法”。[52]在他的主持下，十一届六中全会上《关于建国以来党的若干历史问题的决议》把社会主义的基本制度与具体制度即各种体制区分开来，明确表述了既要坚持社会主义的基本制度，又要革除体制弊端的改革思想。正是由于邓小平同志一直以解放的思想来思考“什么是社会主义”这个事关全局的问题，他最后给出了一个能够引领时代发展的答案，为开辟中国特色社会主义道路奠定了思想理论基础。

其次，邓小平强调实事求是，注重从实际出发，既反对“左”，又防止“右”。邓小平同志一贯强调自己既非左派，也非右派，而是“实事求是派”。在探索中国的现代化道路问题上，他一直以实事求是的态度，探索适合中国国情的道路。邓小平同志在1979年的《坚持四项基本原则》中提出，“过去搞民主革命，要适合中国情况，走毛泽东同志开辟的农村包围城市的道路。现在搞建设，也要适合中国情况，走出一条中国式的现代化道路。”[53]他曾经这样总新中国成立30年的基本经验：“总起来说，第一，不要离开现实和超越阶段采取一些‘左’的办法，这样是搞不成社会主义的。我们过去就是吃‘左’的亏。第二，

51 邓小平文选 [M]. 第2卷 . 北京：人民出版社，1994：312.
52 邓小平文选 [M]. 第2卷 . 北京：人民出版社，1994：214.
53 邓小平文选 [M]. 第2卷 . 北京：人民出版社，1994：163.

不管你搞什么，一定要有利于发展生产力。”[54] 他以实事求是的态度，既反对“左”的做法，又反对“右”的做法，把是否有利于生产力的发展、是否有利于人民群众生活水平的提高、是否有利于综合国力的提升作为检验党的路线、方针、政策正确与否的客观依据，为开创中国特色社会主义提供了现实支撑。

邓小平同志适时总结，提出了“走自己的道路，建设有中国特色的社会主义”重大论断。邓小平同志一直在总结提炼适合于中国的发展道路和发展理论，早在十一届六中全会的《关于建国以来党的若干历史问题的决议》中就把三中全会以来的社会主义现代化道路概括为十个主要点。这一次概括为十二大上提出“建设有中国特色的社会主义”作了有力铺垫。“有中国特色的社会主义”一词本身就是了不起的重大创新，凝结着对历史经验的严肃反思、对形势潮流的科学判断、对中国何去何从的明智抉择。从此，建设有中国特色的社会主义成为我国现代化建设和改革开放的总目标、总方向、总道路，即总的指导思想。在十二大以后，邓小平同志也在一直总结“什么叫社会主义，什么叫马克思主义？”他说，“我们过去对这个问题的认识不是完全清醒的，没有完全搞清楚。但现在清醒和清楚了：马克思主义必须是同中国实际相结合的马克思主义，社会主义必须是切合中国实际的有中国特色的社会主义”[55]。经过几年的探索，到了十三大，邓小平同志郑重宣布，有中国特色的社会主义“是扎根于当代中国的科学社会主义”“是指引我们事业前进的伟大旗帜”。

---

54 邓小平文选 [M]. 第 2 卷 . 北京：人民出版社，1994：312—313.
55 邓小平文选 [M]. 第 3 卷 . 北京：人民出版社，1994：63.

简而言之，邓小平理论的真谛是首次初步系统地回答了“什么是社会主义，怎样建设社会主义”这个基本问题。十五大报告指出，邓小平理论是继马列主义同中国实际相结合过程中第一次飞跃的理论成果、毛泽东思想之后的第二次飞跃的理论成果，是毛泽东思想的继承和发展，是当代中国的马克思主义，是马克思主义在中国发展的新阶段。

社会主义市场经济体制把社会主义基本制度与现代市场经济结合起来，既具有一般市场经济的共同性，又体现中国市场经济的特殊性；既区别于高度集中的计划经济，又不同于自由放任的市场经济。建立这一经济体制，是马克思主义和社会主义发展史上的空前创举，其生命力已为我国二十多年来全面改革开放、经济社会发展的巨大成就所证明。它是社会主义的中国特色在经济领域的突出表现，是“中国奇迹”“中国模式”之所以令世人瞩目惊叹的重要原因。而这一切，同样离不开邓小平同志的远见卓识、政治胆魄、理论勇气和科学精神。

第四章

底线思维是全面深化改革的重要方法论

改革开放是坚持和发展中国特色社会主义的必由之路。着眼于实现“两个一百年”的奋斗目标，着眼于实现中华民族伟大复兴的“中国梦”，习近平总书记提出了“四个全面”的战略布局，并把“全面深化改革”放在突出位置，作为一个重要的战略抓手。“全面深化改革”，坚持和完善中国特色社会主义，实现中华民族伟大复兴，犹如一场艰苦卓绝的山地马拉松，在崎岖不平的道路上，稍有不慎就可能扭伤脚腕儿，如果出现方向性错误甚至会跌落山崖、粉身碎骨。底线思维是一种着眼于最坏、力求最好的思维方法。这种思维方式要求在谋划一项事业之前做好定位，找准其所处的历史和社会方位，认真评估其面临的风险，估算可能出现的最坏情况，筑牢防线，守住底线。坚持底线思维，凡事未雨绸缪，才能在改革开放的伟大征程上不走弯路、不跌跤、不坠崖，最终跑出好成绩。底线思维注重防患未然、解除后顾之忧，牢牢掌握住谋事、创业的主动权，开创出最好的局面。对于改革开放的伟大事业来说，运用底线思维的时候必须牢记它是一种积极进取的思维方式，在服务于改革开放的过程中，它追求的是实现中华民族的伟大复兴。

第一节
运用底线思维，增强政治定力

所谓政治定力，就是在事关国家前途命运的根本性、全局性、战略性问题上，坚持正确立场、保持正确方向的能力。改革，是要在没有路的地方“杀出一条血路”；改革，能否取得预期的成就、能否得到预期的结果，方向至关重要，一旦出现方向性的错误，等待我们的必然是满盘皆输的结局。在世情国情党情发生深刻变化、社会发生深刻转型、思想文化交流交锋更加激烈、意识形态斗争更加复杂隐蔽的新形势下，是否具有足够的政治定力并保持正确的政治方向尤为重要，甚至关乎中国特色社会主义的前途命运、兴衰成败，因此必须高度重视。

一、“绝不能在根本性问题上出现颠覆性错误”

2013 年 10 月 7 日，习近平总书记在亚太经合组织工商领导人峰会上发表演讲时强调：“中国是一个大国，绝不能在根本性问题上出现颠覆性错误，一旦出现就无法挽回、无法弥补。”习近平总书记选择在亚太经合组织峰会这样一个备受瞩目的国际场合宣告中国改革开放的方向和蓝图，具有极强的现实针对性。尤其是他告诫我们，改革开放“绝不能在根本性问题上出现颠覆性错误”，振聋发聩，凸显了新一届党中央推进改革开放的底线思维。[1]

“根本性问题”是旗帜和道路的问题，是中国向何处去的问题。十八届三中全会的《中共中央关于全面深化改革若干重大问题的决定》提出，“改革开放的成功实践为全面深化改革提供了重要经验，必须长期坚持。最重要的是，坚持党的领导，贯彻党的基本路线，不走封闭僵化的老路，不走改旗易帜的邪路，坚定走中国特色社会主义道路，始终确保改革正确方向”。当代中国的根本性问题就是坚持和发展中国特色社会主义，不走封闭僵化的老路，也不走改旗易帜的邪路。改革开放以来的历史已经证明了，邓小平同志开创的“中国特色社会主义”道路摆脱了僵化的“苏联模式”，抵制了“全盘西化”的诱惑，引入市场经济，大力发展社会主义民主政治建设，并通过法律和制度建设保证市场经济和民主政治建设的成果，取得了举世瞩目的成就。正是有过去 30 多年的成功历史作铺垫，习近平在回答如何看待中国特色社会主义时才满怀信心地提出，“中国特色社会主义，承载着几代中国共产党人的理想和探索，寄托着无数仁人志士的夙愿和期盼，凝聚着亿万人民的奋斗和牺牲，是近代以来中国社会发展的必然选择，是发展中国、稳定中国的必由之路。”当代中国的“根本性问题”，是坚定不移地沿着中国特色社会主义道路前进，把握好中国这台高速行驶的列车的方向，这是新一届中央领导集体推动中国特色社会主义继续

1 顾海良 . 习近平改革思想蕴含的底线思维：在根本性问题上不犯颠覆性错误 [J]. 人民论坛，2013，（36）：24—26.

胜利前进的基本思路，也是实现中华民族伟大复兴中国梦的根本保障。

坚决抵制在“根本性问题”上对中国做不怀好意的猜度和放出杂音。近年来，中国经济发展上的成功、中国道路和中国模式影响的日益扩大，受到国际社会高度关注，并不时传出一些刺耳的杂音。例如，西方一些国家的政客不遗余力地唱衰中国经济，希望把外资统统吓唬出中国，从而对中国经济釜底抽薪，对中国的发展做致命一击。还有一些西方政治势力虽然认可中国经济发展的成就，但并不认可中国政治制度和社会建设上的发展成就，以西方某些国家的政治观和价值观来绑架中国的发展趋势。还有一些西方势力不遗余力地对中国的“反腐败”斗争添油加醋，在一长串“苍蝇”和“老虎”被揪出来之后，他们开始抹黑整个党员干部队伍；在反腐不断走向深入的时候，他们做空中国的政治体制；在反腐的间歇期，他们质疑我们党的反腐决心，等等。他们以各种各样的复杂心理，千百次地“预言”中国将要在一些“根本性问题”上发生“变化”，甚至是“颠覆”。中国作为一个高举社会主义大旗的国家，在国际范围受到很强烈的“冷战”思维的遏制。但是妄想通过中国“变天”来换取西方大国对中国的信任甚至友爱，是不切实际的，因为纵观世界风云，唯有中国有实力挑战西方大国的霸权地位、挑战美元霸权所支撑起来的优越生活品质，中国的发展壮大是一个“虎口夺食”的过程，西方大国不可能轻易就范。此外，科学技术日新月异、新的工业革命方兴未艾，经济全球化中机遇与挑战、发展与危机交织在一起；中国社会的经济形式和经济利益、生活方式和组织形式都正发生着深刻变化，各种社会矛盾和问题相互叠加、集中呈现；各种观念意识呈现多样、多元、多变态势，人们思想活动的独立性、选择性、多样性、差异性明显增强。围绕发展道路、发展模式和制度选择上的较量更为显著，各种思想文化交流、交融、交锋趋势也日趋复杂。在国内，有试图改变中国特色社会主义的制度和道路、走西方新自由主义邪路的种种思潮和认识；有曲解当代中国社会发展的矛盾、困难和问题，试图回到封闭僵化的老路上去的种种思潮和认识。所有这些，在本质上都是要“改变”乃至“颠覆”当代中国的一些“根本性问题”。

中国在推进改革开放的过程中必须牢记“根本性问题”绝不能出现“颠覆性错误”的警示。“根本性问题”是中国共产党带领全国各族人民对改革开放实践的科学总结，是坚持和发展中国特色社会主义须臾不可偏离的基本道理。正是由于这个原因，在改革开放的不同时期，我们党和国家的领导人一再警示全党，绝不能在“根本性问题”上发生动摇，更不能被颠覆。早在20世纪90年代初，邓小平就坚定地提出“坚持党的基本路线一百年不动摇”，并对怀疑和动摇基本路线的某些社会思潮作出了旗帜鲜明的反击。邓小平同志所说的“一百年不动摇”是一个形象的说法，是说中国共产党只要搞改革开放，就不能片刻脱离党的“基本路线”。十八大以来，习近平总书记更是在多个场合强调，要在“根本性问题”上树立起毫不动摇的坚定信心和决心，坚持对中国特色社会主义的“道路自信”“理论自信”和“制度自信”。

在当代中国，中国共产党做到在“根本性问题”上绝不犯“颠覆性错误”，首先要做到“改革不停顿，开放不止步”。在亚太经合组织峰会上，习近平总书记回答了如何才能做到不犯颠覆性的错误的问题，他说：“我们的立场是胆子要大、步子要稳，既要大胆探索、勇于开拓，也要稳妥审慎、三思而后行。我们要坚持改革开放正确方向，敢于啃硬骨头，敢于涉险滩，敢于向积存多年的顽瘴痼疾开刀，切实做到改革不停顿、开放不止步。”在党的十八届三中全会上，习近平总书记重复了这一认识，足见他对这一问题认识的坚定。在当代中国，唯有“改革开放”能够释放中国发展的最大红利，改革开放是坚持和发展中国特色社会主义的必由之路，改革开放一旦停顿、止步，就意味着中国的发展失去了源头活水，在“根本性问题”上陷入封闭和僵化。

“腾飞动力”　　新华社发　程硕　作

改革开放，推动中国创造发展奇迹，标注当代中国鲜明特色。党的十八大以来，以习近平同志为总书记的党中央更高举起改革开放旗帜，以更大的政治勇气和智慧推进改革，用全局观念和系统思维谋划改革，推动新一轮改革大潮涌起。改革实践的深入，更带来改革理论和政策一系列重大突破，形成了全面深化改革的重要战略思想，使党的改革方略达至全新高度，令中国改革开放迈入崭新境界，让中国特色社会主义道路不断拓展，为实现中国梦注入不竭动力。

（新华社发　程硕　作）

改革开放停顿、止步意味着封闭僵化，改革开放方向不对则可能出现改旗易帜。为了坚持正确的方向，必须做到把马克思主义的普遍真理与中国的具体实践相结合。邓小平同志在党的十二大上提出“建设有中国特色的社会主义”的论断，他指出：

“我们的现代化建设，必须从中国的实际出发。无论是革命还是建设，都要注意学习和借鉴外国经验。但是，照抄照搬别国经验、别国模式，从来不能得到成功。这方面我们有过不少教训。”在邓小平同志的嘱托当中，照抄照搬别国经验当然是指新中国成立后照搬苏联模式，这一模式给中国带来了沉痛的教训。但是，坚持“从中国实际出发”选择中国的道路，这一基本立场是要正确对待“别国经验”和“别国模式”，这其中当然也包括要慎重对待“全盘西化”的声音。“把马克思主义的普遍真理同我国的具体实际结合起来，走自己的道路，建设有中国特色的社会主义”，这是“我们长期历史经验得出的基本结论”。正是在这个基本结论之上，我们确立了中国特色社会主义的发展道路，造就了中国过去几十年的辉煌成就。可以说，我们党的世界观和方法论的精髓，就是“把马克思主义的普遍真理同我国的具体实际结合起来”。党的十七大从 10 个具体的“结合起来”，对中国特色社会主义方法论的精髓做了具体阐发，其中包括：把坚持马克思主义基本原理同推进马克思主义中国化结合起来，把坚持四项基本原则同坚持改革开放结合起来，把尊重人民首创精神同加强和改善党的领导结合起来，把坚持社会主义基本制度同发展市场经济结合起来，把推动经济基础变革同推动上层建筑改革结合起来等，这些都是我们党对中国特色社会主义的深刻理解。

二、超越左右之争，坚守中国特色社会主义道路

随着改革开放的逐步深入，中国利益结构的分化带来了思想观念的多元化，这为大量的西方思想观念涌入国内提供了温床。同时，

由于中国社会出现了这样或那样的问题，社会各界纷纷开出药方给中国治病。一时之间，各种思想学说纷乱杂陈、鱼目混珠。其中最为混淆视听的要数“极左”和“极右”思潮。它们的共同点在于，都对中国“改革开放”的基本国策提出质疑。其中，持有“极左”思想的人认为，当代中国社会道德沦丧、价值虚无、秩序失范，都是改革开放之后才出现的问题。在新中国成立之后的很长一段时间内，人民群众的道德水平极高，可以做到“夜不闭户”。只有再来一次“文化大革命”，涤荡资产阶级思潮对中国人的危害，才能化解中国社会的危机。另有“极右”思潮的人认为，中国经济疲软、官员腐败、社会不公，原因是改革开放进行得不够彻底，正是西方的自由、民主没有被移植到中国才导致了中国现阶段的问题，必须“全盘西化”才能解决现阶段的问题。党的十八大对以上两种立场做出了明确定性，前一条是“封闭僵化的老路”，后一条是“改旗易帜的邪路”，并告诫全党，我们必须坚定不移地沿着中国特色社会主义的道路前进。

“道路关乎党的命脉，关乎国家前途、民族命运、人民幸福”。全面深化改革，必须坚持正确的道路。回顾改革开放以来的奋斗历程，我们之所以能够取得举世瞩目的历史性成就，根本原因就是坚持了正确的道路，排除了各种干扰，确保改革不变质、不走样。30多年来，我们始终保持中国特色社会主义的政治定力，坚持把党的基本路线作为党和国家的生命线，把“一个中心、两个基本点”统一于发展中国特色社会主义的伟大实践。既以四项基本原则保证改革开放的正确方向，又通过改革开放赋予四项基本原则新的时代内涵，使中国特色社会主义成为充满发展生机和创新活力的“中国模式”。相比之下，苏联、东欧等前社会主义国家的“改革”之所以遭到惨痛失败，根本原因就是他们改革的方向跑偏了，改革的路子走歪了，不仅没有完善和发展社会主义制度、巩固和壮大社会主义事业，反而颠覆了社会主义制度，葬送了社会主义事业。有鉴于此，习近平总书记反复强调：“中国是一个大国，绝不能在根本性问题上出现颠覆性错误。”这里所说的颠覆性错误，就是指根本性、方向性错误。我们不仅要避免这样的错误，而且要通过全面深化改革，把我们的制度优势更加充分地体现出来，使中国特色社会主义比当代资本主义更有效率，更能激发全体人民的积极性、主动性、创造性，更能在国际竞争中赢得比较优势，确保我们的改革始终沿着正确的方向前进。正如习近平总书记在中央政治局第七次集体学习时提出的，“无论搞革命、搞建设、搞改革，道路问题都是最根本的问题。30 多年来，我们能够创造出人类历史上前无古人的发展成就，走出了正确道路是根本原因。现在，最关键的是坚定不移走这条道路、与时俱进拓展这条道路，推动中国特色社会主义道路越走越宽广”。

中国特色社会主义道路是在破除“左”与“右”的极端立场的基础上确立起来的。时间回溯到 1977 年，经历过“文化大革命”，整个国家百废待兴，中国将要向何处去，成了一个大大的问号，摆在中国人面前。正是在邓小平同志推动下，全党上下掀起了“真理标准问题”大讨论，思想上的“极左”的僵化认识被破除了。但是“极左”思想根深蒂固，社会主义各项事业的建设进展得很缓慢，邓小平同志看在眼里，急在心里，他在 1980 年 4 月的一次谈话中指出：“不解放思想不行，甚至于包括什么叫社会主义这个问题也要解放思想。”[2] 正是由于思想解放了，步子迈大了，对社会主义苏联模式理解的弊病才被国人充分认识，进而被抛弃。在当时的历史语境下，解放思想无疑意味着突破苏联模式，但是突破苏联模式之后，下一步往哪里走？要往“全盘西化”的路上走吗？邓小平同志高瞻远瞩，以科学评价毛泽东思想的历史地位为契机，把“马克思主义的普遍原理与中国建设的具体实践相结合”这一原则确立为中国下一步发展的方向，有效地遏制了自由化思潮的泛滥。1992 年，邓小平同志为了给中国特色社会主义道路再加一把劲，借到南方视察的机会发表了“南方谈话”，他提到，“现在，有右的东西影响我们，也有‘左’的东西影响我们，但根深蒂固的还是‘左’的东西。有些理论家、政治家，拿大帽子吓唬人的，不是右，而是‘左’。‘左’带有革命色彩，好像越‘左’越革命。‘左’的东西在我们党的历史上可怕呀！一个好好的东西，一下子被它搞掉了。右可以葬送社会主义，‘左’也可以葬送社会主义。中国要警惕右，但主要是防止‘左’”[3]。邓小平同志的告诫在今天看来依旧具有强烈的现实意义。当下，推进中国的改革开放沿着中国特色社会主义道路前进，必须既防止“左”，又警惕“右”。

当前，我国发展面临的国际国内环境正在发生深刻复杂的变化，各种矛盾相互交织、各种诉求相互碰撞、各色人等纷纷开出所谓“改革药方”，推进改革的敏感程度、复杂程度前所未有。在这种情况下，明确坚持中国特色社会主义道路要坚持什么就显得尤为重要。关于这

2 邓小平文选 [M]. 第 2 卷 . 北京：人民出版社，1994：312.
3 邓小平文选 [M]. 第 3 卷 . 北京：人民出版社，1993：375.

个问题，习近平总书记在党的十八届一中全会上讲话指出，“我们党在坚持和发展中国特色社会主义实践中，先后形成了党的基本理论、基本路线、基本纲领、基本经验，党的十八大又提出夺取中国特色社会主义新胜利必须牢牢把握的‘八个必须’基本要求，这是对我们党坚持和发展中国特色社会主义新鲜经验的科学总结，用新的理论认识和实践经验进一步回答了坚持和发展中国特色社会主义这个重大问题，是我们党探索共产党执政规律、社会主义建设规律、人类社会发展规律取得的重大理论成果。党的基本理论、基本路线、基本纲领、基本经验、基本要求是管全局、管方向、管长远的，大家要深刻领会、认真贯彻，咬定青山不放松，不为任何风险所惧，不为任何干扰所惑。”坚持中国特色社会主义道路，首先就是要坚持党的基本理论、基本路线、基本纲领和基本经验。具体而言，就是在理论上坚持马克思主义、毛泽东思想、邓小平理论、“三个代表”重要思想和科学发展观，在路线上坚持党在社会主义初级阶段的基本路线，在纲领上坚持发展社会主义市场经济、建设社会主义民主政治和科教文化事业，培育和践行社会主义核心价值观。在新的历史时期，党的十八大把这些主要坚持的内容更进一步概括为了“八个必须坚持”：即必须坚持人民主体地位；必须坚持解放和发展社会生产力；必须坚持推进改革开放；必须坚持维护社会公平正义；必须坚持走共同富裕道路；必须坚持促进社会和谐；必须坚持和平发展；必须坚持党的领导。十八大提出的“八个必须坚持”为我们坚持中国特色社会主义提供了路径指南和实践抓手。在现实工作中，坚持中国特色社会主义的正确道路，就是要高举中国特色社会主义伟大旗帜，不断推进社会主义制度的自我完善和发展，而不是对社会主义制度改弦易张。改革是社会主义制度的自我完善和发展，怎么改、改什么，要有我们的政治原则和底线，要有政治定力。

当前，在全面深化改革的大背景下，要坚持改革开放的正确方向，就必须继续坚定不移地走中国特色社会主义道路，既不走封闭僵化的老路，也不走改旗易帜的邪路。世界是丰富多彩的，一个国家走什么道路，是由这个国家独特的文化传统、独特的基本国情和经济社会发展水平等因素综合决定的。13亿中国人民坚持走自己的道路，具有无比广阔的舞台，具有无比深厚的历史底蕴，具有无比强大的前进定力。我们要增强这种政治定力，增强这种道路自信，要通过全面深化改革，不断拓展中国特色社会主义道路。正如习近平总书记指出的那样："我们要虚心学习借鉴人类社会创造的一切文明成果，但我们不能数典忘祖，不能照抄照搬别国的发展模式，也绝不会接受任何外国颐指气使的说教。"现在，有些人议论这个道路、那个道路，有的想拉回到老路上去，有的是想引导到邪路上去；有的是思想认识误区，有的则是别有用心。对此，我们要始终保持头脑清醒，坚定不移走中国特色社会主义道路。

三、掌握意识形态工作的话语权、主动权和领导权

习近平总书记对意识形态工作高度重视，提出"意识形态工作是党的一项极端重要的工作"，并在系列讲话中充分阐述了做好工作的基本方针、基本原则，深刻回答了当前面临的关键问题、紧迫问题，明确提出了一系列新思想、新观点、新要求。意识形态工作对于中国特色社会主义道路的前途具有重要意义，这项工作能点亮精神的火炬、

吹响前行的号角。在全面深化改革的关键时期，坚持意识形态工作的正确方向，进一步增强工作的自觉性和坚定性，因势而谋、应势而动、顺势而为，我们就一定能够稳固党的群众基础、筑牢党的执政基础，汇聚起实现中国梦的强大正能量，使“中国号”现代化巨轮行进更平稳、驶向更开阔的水域。做好中国的意识形态工作，需要深入学习贯彻习近平总书记的讲话精神，把握好方向目标、重点任务和基本遵循，坚持两手都要抓、两手都要硬，才能开创新形势下宣传思想工作新局面。

意识形态工作的核心任务，说到底是执政党如何让人民群众认可自己的执政理念，这项工作关乎民族凝聚力和向心力，关乎国家的长治久安。党的群众基础和执政基础，包括物质和精神两方面。只有物质文明和精神文明建设都搞好，国家物质力量和精神力量都增强、全国各族人民物质生活和精神生活都改善，中国特色社会主义才能顺利向前推进。尤其是当前，各种社会矛盾和问题相互叠加、集中呈现，人们思想活动的独立性、选择性、多变性、差异性明显增强，我们一刻也不能放松和削弱意识形态工作，必须牢牢掌握意识形态工作的领导权、管理权、话语权。

做好意识形态工作，需要围绕根本任务，找到立足点。正如习近平总书记所强调的，当前意识形态工作的根本任务没有变，也不能变，那就是要巩固马克思主义在意识形态领域的指导地位，巩固全党全国人民团结奋斗的共同思想基础。坚定对马克思主义和共产主义的信仰、对中国特色社会主义的信念，做到“虔诚而执着、至信而深厚”。巩固马克思主义的指导地位，必须对各种错误思想进行坚决的批判。在我国社会深刻变革和对外开放不断扩大的条件下，意识形态领域出现了许多新动向，诸如新自由主义、民主社会主义、历史虚无主义等错误思潮，它们的侧重点虽然有所不同，但实质都是要使中国脱离社会主义轨道，脱离中国共产党的领导，它们对我国社会主义事业的危害不容忽视。在这方面，领导干部的政治定力就体现为增强政治敏锐性和政治鉴别力，始终保持高度政治警醒，筑牢思想防线，坚决批判、抵制各种错误思想，引导广大党员干部群众自觉划清马克思主义同反马克思主义的界限，社会主义公有制为主体、多种所有制经济共同发展的基本经济制度同私有化和单一公有制的界限，中国特色社会主义民主同西方资本主义民主的界限，社会主义思想文化同封建主义、资本主义腐朽思想文化的界限，真正做到“千磨万击还坚劲，任尔东西南北风”。

做好意识形态工作，需要把握基本要求，找到着力点。马克思曾经告诫我们，“思想一旦离开利益，就一定会使自己出丑”。[4]做好意识形态工作必须以维护、充实和提高人民群众的现实利益为着力点。执政党必须找准人民关切，这是提升国家和政府自身政策制定合理性和治理能力的基础。30多年的改革开放，我国经济和社会取得了很大的进步，此时社会情境中“全面深化改革”与30多年前的“改革开放”相比，内涵和改革对象已经大为不同。经济社会发展结构与发展步调之间存在矛盾，之前的主要矛盾是不能满足人民群众生活所需的基本物质需要，而现在是人民群众不断产生的新需求与社会服务、社会分工之间存在矛盾。人民日益要求提高生活质量，住大房子，享受好的医疗服务、教育服务等充满灵活性、个性的新需求增涨速度很快，而

4 马克思恩格斯文集 [M]. 第1卷 . 北京：人民出版社，2009：286.

社会分工和社会服务业远远没有跟上步调。执政党只有充分改善社会提供的公共服务，让人民群众的切身利益得到保障，人民群众才会认可党的执政理念。否则，执政党在口头上说得天花乱坠，在现实的政策制定和党员干部的具体行为上尽做一些与民争利的行为，这必然导致执政党与人民群众离心离德。我们党落实人民关切，必须以问题为导向，即以经济社会发展中面临的各种现实问题为导向，以深化改革为抓手，全面推进建设小康社会的各项事业。“政之所兴，在顺民心；政之所废，在逆民心”。加大统筹城乡、区域发展力度，优化经济发展空间格局，不断提高基本公共服务水平，在全体人民生活水平提高的基础上，使那些处于弱势和边缘的群体和地区也得到实惠，使满足了基本温饱的人民群众可以获得更为体面和有尊严的生活，提高人民整体的幸福指数。十八大以来党和国家将执政的主攻方向就定在“民生”工作方面，习近平总书记执政伊始就要求恢复和发扬我党紧密联系群众的优良传统和优良作风，进行了群众路线教育实践活动。在“四个全面”战略思想布局和落实过程中，主攻方向是人民关切，强化民生意识，解决好与人民群众切身利益相关的问题，改善民生、确保民安、促进民和，让改革开放的成果更多地惠及最广大的人民群众。

在国际交流日益广泛、频繁和深刻的当下，做好党的意识形态工作，既面临着对内增强人民群众对党的执政理念的认同程度的问题，又面临着对外如何讲好中国故事团结国际友好力量的问题。在国际层面，坚持大国自信，坚定战略自信。环顾全球，所有具有世界影响力的大国、强国都具有战略稳健性和政策连续性。不管是在国内道路选择和发展上，还是在处理外交事务上，都要有大局思维，从长计议、沉着冷静，

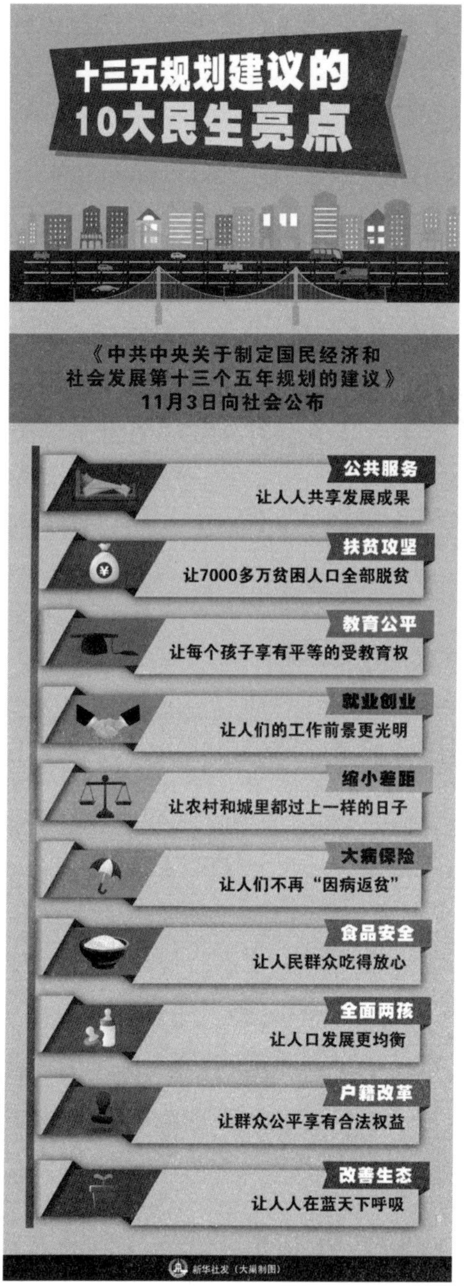

十三五规划建议的 10 大民生亮点

（新华社发　大巢制图）

最忌风吹草动、无风三尺浪、四处出击、自乱阵脚。尤其是在国内道路选择和发展上，坚持从中国的实际出发，不照抄、照搬别国经验、模式，中国特色社会主义理论体系是中国共产党带领人民在探索和实践中凝结出来的智慧结晶，是几代人不懈努力的智慧和心血。“四个全面”战略思想是十八大以来党和国家关于治国理政的新思想、新论断的总体概况和战略框架，是把马克思主义普遍真理同我国具体实际结合起来的新成果，走适合中国特点的道路，发展中国特色社会主义。在国内，坚持目标导向，全面建成小康社会。全面建成小康社会实现经济持续健康发展，人民民主不断扩大，资源节约型、环境友好型社会建设取得重大进展。到 2020 年全面建成小康社会是中国共产党带领中国人民在实现现代化道路上的关键一步。既是全国各族人民根本利益的体现，也是社会主义的本质决定的。“四个全面”战略思想在新的时代条件下系统回答了怎样建设社会主义、建设什么样的社会主义、实现什么样的发展、怎样发展、建设什么样的党、怎样建设党等重大理论实际问题，是中国特色社会主义理论体系的新发展，是我国社会主义现代化的建设目标，也是当代中国实现中华民族伟大复兴，达到国家富强、民族振兴、人民幸福目标的价值追求和共同愿景。明晰的目标有助于党和国家在制定路线、方针、政策时合理配置资源，统筹协调发展。

办好中国的事情，关键在党。做好中国的意识形态工作，关键在于增强党的领导力，使党成为领导和团结全国各族人民建设中国特色社会主义的坚强堡垒。这要求每一个共产党员要坚定“三个自信”。中国特色社会主义既是伟大的理论创造，更是伟大的实践活动。我们对中国特色社会主义的追求，既来自马克思主义基本理论和共产主义理想信念，更来自对世情、国情、党情的深刻把握、对人民群众所思、所想、所盼的准确认知。可以说，对中国的历史和现实了解越深入，就越能坚定坚持和发展中国特色社会主义的信心和决心。改革开放30多年之所以能够取得如此巨大的成就，根本原因是我们开辟了一条具有中国特色的社会主义道路。众所周知，独立自主是中华民族的优良传统，是中国共产党、中华人民共和国立党立国的根本所在。中国的事情要按照中国的情况来办，要依靠中国人自己的力量来办，这是以毛泽东同志为代表的第一代中国共产党人确立的基本原则。不论是过去、现在，还是将来，我们都要把国家和民族发展放在自己力量的基点上，坚定不移地走自己的路。改革开放以来，正是立足于走自己的路，邓小平同志领导开辟了中国特色社会主义道路。对此，他曾经深有感触地说："把马克思主义的普遍真理同我国的具体实际结合起来，走自己的道路，建设有中国特色的社会主义，这就是我们总结长期历史经验得出的基本结论。"[5]中国特色社会主义道路，既不是天上掉下来的，也不是地底下冒出来的，而是中国共产党人带领全国各族人民通过不懈探索和接力奋斗，披荆斩棘开拓出来的。它植根于中国社会，从我国正处于并将长期处于社会主义初级阶段的实际出发，既坚持社会主义的基本原则，又体现鲜明的中国特色；既适合中国国情，又体现时代特征。世界上没有放之四海而皆准的发展模式，也没有一成不变的发展道路。历史条件的多样性，决定了各国选择发展道路的多样性。事实证明，在人类历史上，没有一个民族、没有一个国家可以通过依赖外部力量、跟在他人后面亦步亦趋实现强大和振兴。那样做的结果，不是必然遭遇失败，就是必然成为他人的附庸。

相关链接

习近平总书记在哲学社会科学工作座谈会上的讲话，2016年5月17日。

http://news.xinhuanet.com/politics/2016-05/18/c_1118891128.htm

5 邓小平文选 [M]. 第3卷 . 北京：人民出版社，1993：3.

第二节
运用底线思维，处理发展和生态的关系

底线思维是一种前瞻后顾的思维取向。在公共管理决策行为中，底线思维侧重于对危机、风险底线的重视和防范，强调对负面因素的防范和管理漏洞的堵塞。在经济生活中，底线思维适用于防止经济的大起大落或将危机导向最小化，建立较为稳妥可靠、有回旋余地的“最低防线”，避免出现社会秩序混乱和动荡。

一、发展是解决中国问题的关键

党的十八大报告指出：“以经济建设为中心是兴国之要，发展仍是解决我国所有问题的关键。”党的十八届三中全会再次提出，“全面深化改革，必须立足于我国长期处于社会主义初级阶段这个最大实际，坚持发展仍是解决我国所有问题的关键这个重大战略判断，以经济建设为中心，发挥经济体制改革牵引作用，推动生产关系同生产力、上层建筑同经济基础相适应，推动经济社会持续健康发展”。把经济建设作为各项工作的重心，坚持把发展作为我党执政兴国的第一要务，

这是在全面客观分析我国发展现状基本得出的科学结论。

近年来，我国的经济社会发展取得了长足进步。尤其是 2008 年以来，我国有效应对了国际金融危机的严重冲击，保持了经济平稳较快发展，综合国力大幅提升。2014 年，我国的 GDP 规模已经稳步越过 10 万亿美元大关，成为世界第二大经济体，远超排名第三的日本一倍以上。如果按购买力平价计算，我国的经济规模已经超过美国，

近十年我国GDP数据修订情况

根据新的核算方法，国家统计局修订了GDP（国内生产总值）数据

	GDP（亿元）			GDP增长速度（%）		
	修订后	修订前	变化	修订后	修订前	变化
2006	219438	217657	1782	12.7	12.7	0.03
2007	270232	268019	2213	14.2	14.2	0.03
2008	319516	316752	2764	9.7	9.6	0.03
2009	349081	345629	3452	9.4	9.2	0.16
2010	413030	408903	4127	10.6	10.6	0.01
2011	489301	484124	5177	9.5	9.5	0.05
2012	540367	534123	6244	7.9	7.7	0.11
2013	595244	588019	7226	7.8	7.7	0.07
2014	643974	635910	8064	7.3	7.3	0.04
2015	685506	676708	8798	6.9	6.9	0.04

注：1.GDP按当年价格计算，GDP增长速度按不变价计算
2.本表中第4列的部分数据，不等于第2列与第3列之差，是由于四舍五入原因未作调整

新华社发（大巢制图） 资料来源：中国国家统计局

近十年我国GDP数据修订情况　　新华社发 大巢制图

成为世界第一大经济体。进出口贸易额大幅增加，成为世界第一大出口国和第二大进口国；财政收入增长迅速，突破了 14 万亿人民币。从积贫积弱到家底殷实，从任人宰割到挺直腰板，中国发展势头喜人，成绩斐然。随着中国经济规模的快速壮大，中国的国际地位有了极大提升，许多西方发达国家都期盼与中国加深合作，借以引进中国雄厚的资本储备。

但是由于经济基础薄弱，虽然经过几十年的努力建设，我国的经济发展水平依旧很低，与世界发达国家还有很大差距。第一，人均收入在世界上排名依然落后。我国刚刚跨入世界中等收入国家门槛，经济发展水平仍然较低。以人均 GDP 来看，2014 年，我国人均国民总收入 6700 美元，在世界上 213 个国家和地区中排名第 84 位，只相当于美国的九分之一。此外，在中国广大的偏远地区还有近 1 亿贫困人口，中国的"反贫困"任务依旧严峻。第二，我国经济发展不均衡，东西差距、城乡差距非常明显。第三，我国经济增长过于依赖物质资源投入，主要资源性产品消费占全球总消费的比重明显大于国内生产总值占全球经济的比重。2008 年，金融危机席卷全球，为了应对金融危机，中国政府投入四万亿元人民币，挽救中国经济，中国经济确实因此躲过了金融危机所造成的巨大冲击，但是产能过剩带来的影响直至今日都没有消除。第四，社会建设滞后，公共服务体系依旧是社会的短板。这些年我国越来越重视社会建设，但社会事业发展和社会领域改革仍相对滞后，上学难、看病难等关系老百姓切身利益的问题仍比较突出，社会保障、医疗卫生等公共服务水平依然较低。我国已经取得的发展成就与广大人民群众的期待相比还有很大差距。总体来看，我国仍处于并将长期处于社会主义初级阶段的基本国情没有变，人民日益增长的物质文化需要同落后的社会生产之间的矛盾没有变，我国是世界上最大的发展中国家的国际地位没有变，发展仍是解决我国所有问题的关键。在新的征程上，我们必须牢牢把握和始终坚持发展是硬道理的战略思想，绝不能有丝毫动摇。正如党的十八大报告指出的："只有推动经济持续健康发展，才能筑牢国家繁荣富强、人民幸福安康、社会和谐稳定的物质基础。"

当下，中国要想实现可持续的发展，必须迈过四道关口。第一，人口红利消失，新的增长起点尚未形成，导致经济下行压力加大。中国"人口红利"的下降已是不争的事实，而且其负面效应将在未来二十年里不断蔓延。因此，未来二十年，中国如何在没有"人口红利"的情况下，继续寻找经济高速发展的动力和源泉，这显然是一个极其严峻的挑战。在这种背景之下，中国经济必须做出调整，但是这个"窗口期"并不太长，最迟到2020年。如果到时中国经济找到了新的增长点，形成了"创新驱动"型的经济，那么林毅夫先生对中国经济的所有乐观预言都将应验，如果不然，中国经济的前景将非常值得担忧。第二，政府、地方大面积举债，金融系统受压，容易发生系统性风险。中国的债务杠杆率已经是GDP的200%，其中地方债虽然比例不高，但上升速度之快令人咂舌。短短十年，中国的地方债几乎翻了六倍，而且还在呈上升趋势。中国正在全面深化改革，在很大程度上已经摆脱了计划经济的发展模式，在市场规律作用越来越强势的时代，银行的呆账、坏账也总有需要清理的那一天。如果中央政府由于力不从心而无法再为地方债提供信用担保，那么中国爆发系统性金融危机将几乎无法避免。第三，社会风险频发，社会矛盾进一步加剧。风险增加不只是中国的问题，所有处于现代化历程中的社会都在经受着风险增加的挑战，这时，政府如何行政执法就成为一个关乎社会稳定或动荡的重要因素。同时，由于旧体制和旧思维依然在相当程度上束缚着人们的头脑和手脚，我们的很多官员一遇到社会稳定问题，首先就把它升格为政治问题，缺乏有效的应对思路，从而激化了社会矛盾。第四，中国强势崛起，与他国的军事冲突加剧。任何一个国家的崛起都意味着它所占有的资源、势力范围、国家话语权的比重增加，因此历史上伴随着一国的崛起，总是充满了摩擦，稍有不慎就有爆发战争的风险。对于当下的世界而言，虽然中国一再承诺不称霸，但是由于中国崛起的速度太快，超过历史上的任何一个国家，整个世界显得有些手足无措，美国、日本、欧洲等传统强国对中国指手画脚，甚至构筑包围圈，围堵中国。中国能否有效应对国际压力，实现和平崛起，是一件非常考验政治智慧的事。

在新的历史起点上，坚持发展是硬道理的本质要求就是坚持科学发展。在当代中国，以科学发展为主题、以加快转变经济发展方式为主线，是关系国家发展全局的战略抉择。李克强总理曾发表文章称，“解决中国一切问题的关键是发展，发展必须转方式，而转方式最大的瓶颈制约在体制机制障碍，许多方面不改革就难以转变和发展。我国改革已进入攻坚阶段，面临的都是难啃的‘硬骨头’，必须以更大的决心和勇气推进改革。要把发展与改革更好地结合起来，统筹谋划改革思路和举措。要加强改革的顶层设计和统筹协调，尊重基层和群众的首创精神，研究制定改革的思路和政策，力求在深化改革开放上取得新突破”。当前中国的经济建设，必须面对我国发展中长期以来存在的不平衡、不协调、不可持续的问题，更加注重以人为本，更加注重全面协调可持续发展，更加注重统筹兼顾，更加注重保障和改善民生，促进社会公平正义，促进经济持续健康发展和社会和谐稳定，不断在生产发展、生活富裕、生态良好的文明发展道路上取得新的更大成绩，不断为全面建成小康社会、实现中华民族伟大复兴打下更为坚实的基础。

二、运用底线思维，打造美丽中国

习近平总书记高度重视生态文明建设，他在哈萨克斯坦纳扎尔巴耶夫大学演讲时提出，“我们既要绿水青山，也要金山银山。宁要绿水青山，不要金山银山，而且绿水青山就是金山银山”。长期以来，我国坚持以经济建设为中心，推动经济快速发展起来，在这个过程中，一些地方、一些领域没有处理好经济发展同生态环境保护的关系，以无节制消耗资源、破坏环境为代价换取经济发展，导致能源资源、生态环境问题越来越突出。这种状况不改变，能源资源将难以支撑、生态环境将不堪重负，反过来必然对经济可持续发展带来严重影响，我国发展的空间和后劲将越来越小。习近平总书记指出：“我们在生态环境方面欠账太多了，如果不从现在起就把这项工作紧紧抓起来，将来会付出更大的代价。”实践证明，脱离环境保护搞经济发展是“竭泽而渔”，离开经济发展抓环境保护是“缘木求鱼”。经济发展决定人们的生活水平，生态环境决定人们的生存条件。生态问题不能用停止发展的办法解决，保护优先不是反对发展，其核心是要正确处理保护与发展的关系，在发展中保护生态环境，用良好的生态环境保证可持续发展。2013 年 5 月，习近平总书记在中央政治局第六次集体学习时指出，“要正确处理好经济发展同生态环境保护的关系，牢固树立保护生态环境就是保护生产力、改善生态环境，就是发展生产力的理念”。

1. 深化对生态文明建设的理论认识

生态环境是人生存发展的底线，没有好的生态环境，人的生命健康得不到保障，再多的经济成果也无法享受。随着经济发展与环境保护的矛盾越来越突出，以牺牲环境为代价的经济发展之路已经受到越来越多的质疑，国家的发展思路到了不调整就要出问题的地步了。在党的十八大上，党顺应人民群众和时代的呼声，把生态文明建设提升为中国特色社会主义“五位一体”建设的重要组成部分。习近平总书记在中央政治局第六次集体学习时指出：“生态环境保护是功在当代、利在千秋的事业。要清醒认识保护生态环境、治理环境污染的紧迫性和艰巨性，清醒认识加强生态文明建设的重要性和紧迫性，以对人民群众、对子孙后代高度负责的态度和责任，为人民创造良好生产生活环境。”对习近平总书记关于生态文明建设重要性和紧迫性的论述应该从两个维度来理解，一是从理论认识和发展层面来理解重要性，二是从执政党建设理解解决现实环境问题的紧迫性。

首先，从理论认识和发展层面来看，习近平总书记关于生态文明建设的理论论述，是我们党对生态环境认识发展到成熟阶段的产物，是中国特色社会主义理论体系的组成部分。我们党对生态文明建设的认识伴随着社会主义现代化建设的实践而不断深化。党的十六大，以胡锦涛同志为总书记的党中央以科学发展观为指导，形成了建设生态文明的战略思想。党的十七大把“建设生态文明”列入全面建设小康社会奋斗目标的新要求。党的十八大把科学发展观确立为我们党必须长期坚持的指导思想，强调科学发展观是中国特色社会主义理论体系的最新成果，是中国共产党集体智慧的结晶，是指导党和国家全部工作的强大思想武器。党的十八大将生态文明建设摆上更加突出的位置，把生态文明建设提升到“五位一体”总体布局的战略高度并做出全面部署。党的十八大第一次单列一个部分对生态文明建设加以论述，并将有关内容和要求写入新修订的党章，提出大力推进生态文明建设，建设美丽中国，实现中华民族永续发展。这是党的十八大报告的一个突出亮点，为建设生态文明和美丽中国提供了先进的理论指导和强大的思想武器，是巨大的理论贡献，标志着我们党对中国特色社会主义的认识更加成熟和完整。

其次，从理论认识和发展层面来看，习近平总书记关于生态文明建设的理论论述，是他系列讲话的重要组成部分，是关系人民福祉、关乎民族未来大计、实现中华民族伟大复兴中国梦的重要内容。2013年9月7日，习近平总书记在哈萨克斯坦纳扎尔巴耶夫大学回答学生问题时指出：“建设生态文明是关系人民福祉、关系民族未来的大计。我们既要绿水青山，也要金山银山。宁要绿水青山，不要金山银山，而且绿水青山就是金山银山。”蓝天白云、绿水青山是可持续发展的基础。良好的生态环境本身就是生产力。关于“金山银山”和“绿水青山”的论述创造性地回答了经济发展与资源环境之间的关系，有助于深刻把握经济社会可持续发展规律、自然资源永续利用规律和生态环保规律，破解人与自然日益突出的尖锐矛盾。

习近平总书记指出："走向生态文明新时代，建设美丽中国，是实现中华民族伟大复兴的中国梦的重要内容。"保护生态环境、进行生态文明建设，关系最广大人民群众的根本利益，是民意所在、民心所向。习近平总书记曾这样论述："良好生态环境是最公平的公共产品，是最普惠的民生福祉。"随着社会发展和人民生活水平的不断提高，人民群众对干净的水、清新的空气、安全的食品、优美的环境的要求越来越高，生态环境问题日益成为人民最关心的民生问题，从"盼温饱"到"盼环保"，从"求生存"到"求生态"，是每个人中国梦的重要组成部分。要清醒认识加强生态文明建设的重要性和必要性，以对人民群众和子孙后代高度负责的态度，保护生产力、改善生态环境。

再次，生态文明建设是我们党提高执政能力的重要体现。习近平总书记强调，"全党面临的一个重要课题，就是如何正确认识和妥善处理我国发展起来后不断出现的新情况新问题"。经过 30 多年的快速发展，积累下来的生态环境问题日益显现，进入高发频发阶段，空气污染、水污染、土壤污染严重。这些突出的环境问题对人民群众生产生活、身体健康带来严重影响和损害，引发了大量矛盾和冲突。面对人民群众对环境保护的期待和诉求，必须把生态文明建设作为增强党的执政能力、巩固党的执政基础的一项战略任务，持之以恒加以推进，不断抓出成效。习近平同志在海南考察时指出："良好生态环境是最公平的公共产品，是最普惠的民生福祉。"随着经济社会的快

这是2016年3月15日航拍的千岛湖风景区。千岛湖位于浙江省杭州市淳安县境内，是建设新安江水电站拦水筑坝而形成的人工湖，因湖内拥有1078座岛屿而得名。千岛湖风光秀美，水质出众，为著名的旅游景区。 （新华社发 张晓理 摄）

速发展，人民群众对干净的水、新鲜的空气、洁净的食品、优美宜居的环境等方面要求越来越高。建设美丽中国是我国发展进入新阶段的迫切需要，为我国提升发展质量和空间提供了新的战略指导，也是主动顺应人民群众对于美好生存环境的期待，这是我们党执政理念的重大提升。

最后，加强生态文明建设也是着眼长远、为实现中华民族可持续发展的基本要求，拓展了中国特色社会主义事业的发展领域和范畴，是我们党坚持以人为本、执政为民，维护最广大人民群众根本利益特别是环境权益的集中体现，是中国特色社会主义应有之义。中国特色社会主义社会，既是经济发达、政治民主、文化先进、社会和谐的社会，又是生态环境良好的社会。生态文明是实现经济发达、政治民主、文化先进、社会和谐的前提，必须把生态文明建设融入经济建设、政治建设、文化建设、社会建设全过程，才能更好地坚持和发展中国特色社会主义，为全面建设小康社会和实现中华民族伟大复兴提供基础。此外，我们党提出生态文明建设，也是顺应世界潮流的要求，积极在国际环境保护领域承担责任，展示了负责任的大国形象，有助于在未来国际对话中获得话语权和主动权。

2. 加强制度建设，保护生态，守卫人生存发展的底线

在当下，加强生态文明建设必须依靠制度，习近平总书记认为，“我国生态环境保护中存在的一些突出问题，一定程度上与体制不健全有关，原因之一是全民所有自然资源资产的所有权人不到位，所有权人权益不落实。针对这一问题，全会决定提出健全国家自然资源资产管理体制的要求”。完善生态文明建设制度体系，健全国土空间开发、资源节约、生态环境保护的体制机制，推动形成人与自然和谐发展的新格局。从恢复和维持生态系统整体性与可持续性的系统理念出发，建立和完善职能有机统一、运转协调高效的生态环境保护综合管理体制；建立国土空间开发保护制度，完善最严格的耕地保护制度、水资源管理制度、环境保护制度；深化资源性产品价格和税费改革，建立反映市场供求和资源稀缺程度、体现生态价值和代际补偿的资源有偿使用制度和生态补偿制度；加强环境监管，健全生态环境保护责任追究制度和环境损害赔偿制度。建立体现生态文明要求的目标体系、考核办法、奖惩机制。

建立责任追究制度，对那些不顾生态环境盲目决策、造成严重后果的人，追究其责任。习近平总书记在中央政治局第六次集体学习时指出："要建立责任追究制度，主要对领导干部的责任追究。对那些不顾生态环境盲目决策、造成严重后果的人，必须追究其责任，而且应该终身追究。真抓就要这样抓，否则就会流于形式。不能把一个地方环境搞得一塌糊涂，然后拍拍屁股走人，官还照当，不负任何责任。"把地方各级政府对本辖区生态环境质量负责、各部门对本行业和本系统生态环境保护负责的责任制落到实处。对生态环境造成严重后果的，除责令其修复和损害赔偿外，将依法追究相关责任人的责任，而且可能终身追究。习近平总书记强调，"要牢固树立生态红线的观念。在生态环境保护问题上，就是要不能越雷池一步，否则就应该受到惩罚"。

建立健全资源生态环境管理制度，明确自然资源资产管理和资源监管部门的职责分工。对自然资源资产的数量、范围和用途在制度框架下进行有效监管，落实自然资源资产所有权人的权益，监管部门主要负责自然资源的保护与修复。习近平总书记强调："要建立健全资源生态环境管理制度，加快建立国土空间开发保护制度，强化水、大气、土壤等污染防治制度，建立反映市场供求和资源稀缺程度、体现生态价值、代际补偿的资源有偿使用制度和生态补偿制度，健全生态环境保护责任追究制度和环境损害赔偿制度，强化制度约束作用。"建立生态文明建设绩效考核体系，构建有利于生态文明建设的激励约束机制。习近平总书记这样论述："要完善经济社会发展考核评价体系，把资源消耗、环境损害、生态效益等体现生态文明建设状况的指标纳入经济社会发展评价体系，使之成为推进生态文明建设的重要导向和约束。一定要彻底转变观念，再不以GDP增长率论英雄。如果生态环境指标很差，一个地方一个部门的表面成绩再好看也不行，不说一票否决，但这一票一定要占很大的权重。”把资源消耗、环境损害、生态效益等体现生态文明建设状况的指标纳入经济社会发展评价体系，增加考核权重，使之成为推进生态文明建设的重要导向和约束。

推动生态文明建设纳入法制化轨道，建立生态法庭对污染环境、破坏生态的行为进行审判，加强对生态文明建设的法律约束。建立科学快捷的立、改、废程序，完善生态文明建设法律法规体系，强化环境执法监督管理，着力解决环保责任不落实、守法成本高、违法成本低等问题。开展区域联合执法、跨地区交叉执法，增强执法效能。加强日常监管和执法检查，对群众反映强烈的环境污染和生态破坏事件，严肃处理，尽快解决。继续开展整治违法排污企业、保障群众健康环保专项行动。组织开展环境安全大检查，妥善处置突发环境事件。积极配合组织、监察等部门，扭转一些地方仍以国内生产总值挂帅、在发展中片面追求经济增长的现象。

3. 建设美丽中国，还民绿水青山

建设美丽中国，承载着一代又一代中国共产党人对中国未来发展的美好愿景，承续着“青春中国”“可爱中国”“新中国”“富强民主文明中国”“和谐中国”的中国梦。建设美丽中国，是全社会共同参与、共同建设、共同享有的事业。实行最严格的生态环境保护制度，

以系统工程思路抓生态文明建设，政府、企业、公众各尽其责、各尽其能、各尽其力，美丽中国的中国梦定能实现。习近平同志在 2014 年国际工程科技大会上发表主旨演讲时强调，“我们将继续实施可持续发展战略，优化国土空间开发格局，全面促进资源节约，加大自然生态系统和环境保护力度，着力解决雾霾等一系列问题，努力建设天蓝地绿水净的美丽中国”。在国际社会，中国将积极参与可持续发展全球治理，承担与我国发展水平及阶段相适应的责任和义务，自觉承担国际环境责任，以自身的绿色发展、循环发展、低碳发展，推动建设持久和平、共同繁荣的和谐世界，推动全人类共同呵护地球家园，为全球生态安全做出贡献。习近平向生态文明贵阳国际论坛 2013 年年会致贺信时表示，“中国将继续承担应尽的国际义务，同世界各国深入开展生态文明领域的交流合作，推动成果分享，携手共建生态良好的地球美好家园”。

习近平总书记在对《中共中央关于全面深化改革若干重大问题的决定》作说明时指出：“山水林田湖是一个生命共同体，人的命脉在田，田的命脉在水，水的命脉在山，山的命脉在土，土的命脉在树。用途管制和生态修复必须遵循自然规律，由一个部门负责领土范围内所有国土空间用途管制职责，对山水林田湖进行统一保护、统一修复是十分必要的。”资源环境问题，究其本质是发展方式、经济结构和消费模式问题。在生产、流通、分配、消费的各个领域，都不同程度地利用资源、影响环境，单独在某一个或几个方面推行节约环保，难以从根本上解决资源环境问题。把节约环保的要求全面体现到经济发展的各个领域和每个环节。“环境治理是一个系统工程，必须作为重

中共中央办公厅、国务院办公厅印发《关于设立统一规范的国家生态文明试验区的意见》，首批选择生态基础较好、资源环境承载能力较强的福建省、江西省和贵州省作为试验区，福建试验区方案同时公布实施。“先污染后治理”的老路怎么矫正？生态文明建设的法治化和制度化如何落实？靠什么激发绿水青山的生态红利？在向社会主义生态文明新时代迈进的征程中，试验区的任务艰巨而光荣。

（新华社记者　张国俊　摄）

大民生实事紧紧抓在手上。”习近平总书记结合新的实践需要，对推进生态文明建设提出了更加丰富、更加系统、更加明确的指导思想和总体要求，以系统工程思路抓生态文明建设。

首先，在空间结构上，调整空间结构，优化国土空间开发格局。习近平总书记在中央政治局第六次集体学习时指出：“国土是生态文明建设的空间载体。要按照人口资源环境相均衡、经济社会生态效益相统一的原则，整体谋划国土空间开发，科学布局生产空间、生活空间、生态空间，给自然留下更多修复空间。”党的十八大报告首次把优化国土空间开发格局放在突出位置，作为加快推进生态文明建设的重要工作。国土空间开发布局对生态环境保护带有根本性、战略性意义，也在一定意义上显现了生态环境在国家经济社会中的基础性地位。按照人口资源环境与经济社会生态相统一的原则，调整空间结构，合理开发，实现环境保护的宏观调控和综合管理，使生产空间更为高效、生活空间更为宜居、生态空间更为山清水秀。实施主体功能区战略和环境功能区划，推动各地区严格按照主体功能定位发展，构建科学合理的城市化格局、农业发展格局、生态安全格局。

其次，在时间跨度上，倡导在发展中保护、在保护中发展。对于中国而言，面临的环境问题比世界上任何国家都要复杂，解决起来的难度比任何国家都要大，任务更加艰巨。既要补上工业文明的课，又要走好生态文明的路。习近平同志提出“保护生态环境就是保护生产力，改善生态环境就是发展生产力”的理念，坚持以环境保护优化经济发展，环境政策从严从紧，把生态环境保护要求传导到经济转型升级上来，通过改善环境质量、增进民生福祉来倒逼中国经济改革。脱离环境保护搞经济发展是“竭泽而渔”，离开经济发展抓环境保护是“缘木求鱼”，绝不走先污染后治理、牺牲环境换取经济增长的老路。在推进工业文明进程中建设生态文明，走科技含量高、经济效益好、资源消耗低、环境污染少、人力资源优势得到充分发挥的新型工业化道路；在持续保持和享有良好的生态环境中实现工业化、城镇化。

再次，在参与主体上，构建政府、企业、公众共同参与的生态文明建设大格局。以建立节约环保的空间格局、产业结构、生产方式、生活方式和增强永续发展能力为着眼点，开展生态文明建设全社会行动，坚持走群策群力、群防群控的群众路线，让政府、企业、公众都参与到生态文明建设中来。社会的各阶层、各方面、各行业，从不同层面、不同程度地利用资源、影响环境，单独在某一个或几个方面推行环境保护，都难以从根本上解决生态环境问题。按照谁开发谁保护、谁受益谁补偿的原则，在不同参与主体之间建立生态责任和补偿机制。

最后，在环节监管上，立足生产和再生产全过程，以节约为主，加强在生产、流通、分配、消费的各个领域的综合治理。习近平总书记提出："节约资源是保护生态环境的根本之策。要大力节约、集约利用资源，推动资源利用方式根本转变，加强全过程节约管理，大幅降低能源、水、土地消耗强度，大力发展循环经济，促进生产、流通、消费过程的减量化、再利用、资源化。构建经济发展与资源消耗量、污染物排放量"脱钩"的经济模式，把节约环保的要求全面体现到经济发展的各个领域和每个环节。

三、经济运行的合理区间与"克强经济学"的底线思维

2008 年以来，国际金融危机爆发，国际经济形势急转直下，不少国家和地区的经济从增长转入萧条。受此影响，我国的经济增长势头也有所放缓。据《新京报》2013 年 7 月 23 日发表的评论文章称，国务院总理李克强邀请经济专家和企业界人士举行座谈会。李克强总理在会上强调，中国必须要把经济增长放在突出位置，确保经济运行在合理区间。李克强总理表示，目前中国经济总体上处于合理区间，合理区间说的是中国经济的运行既没有突破"上限"，也没有跌破"下限"。中国经济的上限是防通胀，即把 CPI 控制在 3.5% 左右；下限

是稳增长、保就业。对于中央政府来说，只要保证 GDP 的中高速增长就能维持经济运行在合理区间之内。2015 年 11 月 3 日，习近平总书记在就“十三五规划”所做的说明中也指出，要保证经济的中高速增长。习近平总书记指出，保持经济中高速增长的主要考虑是，“确保到 2020 年实现国内生产总值和城乡居民人均收入比 2010 年翻一番的目标，必须保持必要的增长速度。从国内生产总值翻一番看，2016 年至 2020 年经济年均增长底线是 6.5% 以上。从城乡居民人均收入翻一番看，2010 年城镇居民人均可支配收入和农村居民人均纯收入分别为 19109 元和 5919 元。到 2020 年翻一番，按照居民收入增长和经济增长同步的要求，‘十三五’时期经济年均增长至少也要达到 6.5%。经济保持中高速增长，有利于改善民生，让人民群众更加切实感受到全面建成小康社会的成果。随着我国经济发展进入新常态，产能过剩化解、产业结构优化升级、创新驱动发展实现都需要一定的时间和空间，经济下行压力明显，保持较高增长速度难度不小。考虑到正向引导市场预期和留有一定余地，在综合各方面意见的基础上，建议稿提出经济保持中高速增长的目标”。[6] 习近平总书记和李克强总理的经济发展思路蕴含着明确的底线思维。

李克强总理上任以来在经济领域雷厉风行推进改革，试图帮助中国经济走出投资依赖症，摆脱产能过剩对中国经济和社会发展造成的负面影响，打造中国经济升级版。李克强总理的经济政策被全球媒

---

6 习近平：关于《中共中央关于制定国民经济和社会发展第十三个五年规划的建议》的说明 [N/OL]. 新华网，2015—11—03.http://news.xinhuanet.com/ttgg/2015-11/03/c_1117029621_2.htm

体誉为“克强经济学”，其最大的特点就是务实，这充分体现在他运用底线思维规划中国经济的发展蓝图上。李克强总理的经济发展思路走出了“唯GDP论”，但又充分重视GDP在国民经济发展中的作用。GDP是美国经济学家西蒙·史密斯·库兹涅茨在1934年提出的，是一个社会在一定时期内新创造的财富的价值总量。罗伯特·肯尼迪1968年竞选总统时曾激烈批判以GDP来衡量经济的发展，他说：“GDP并没有考虑到我们孩子的健康、教育质量和他们游戏的快乐。它也没有包括我们的诗歌之美或者婚姻的稳定。”与肯尼迪针锋相对，美国经济学家曼昆提出，“GDP没有衡量我们孩子的健康，但GDP高的国家负担得起孩子更好的医疗保健。GDP没有衡量孩子们的教育质量，但GDP高的国家负担得起更好的教育制度。GDP没有衡量我们的诗歌之美，但GDP高的国家可以教育更多公民阅读和欣赏诗歌”。GDP表达的是经济增长量，增长虽然不是万能的，但没有增长却是万万不能的。就中国当下的形势而言，要确保2020年全面建成小康社会，实现GDP比2010年翻一番的目标，今后几年经济年均增长速度至少要达到6.5%以上，这就是中国经济增长的底线。破了这个底，2020年的国民生产总值就无法完成比2010年翻一番的任务。但是经济增速又不能过高，否则CPI将会飙升，人民群众的生活成本将大幅提升，经济增长同样无法给人民带来实实在在的利益。可见，把经济增长维持在一个合理的区间内，保增长底线，实现经济发展的目标是为了实现惠民生的最高目的。

维持经济中高速增长是保就业的底线条件。2010年，我们的经济增长率达到了两位数，高达10.4%。但2011年，4万亿元人民币投

2016 年 9 月 30 日，河间市职教中心教师指导学生进行汽修实践操作。近年来，河北省河间市职教中心通过加强与当地企业对接，采取“校企结合”“工学结合”等方式，进行“订单式培训”“委托式培训”及“储备式培训”，有针对性地培养订单式职业人才，受到用人单位欢迎。目前，该校每年培养职业教育人才 900 多名，订单招生学员就业率达 100%。（新华社记者 朱旭东 摄）

资刺激的后遗症开始显现，加上国际金融危机的蔓延，中国经济增长下行压力陡增，2011 年增长率只有 7.8%。2013 年中国经济增长率被修正为 7.5%，时至今年，中国经济继续下行，经济形势不容乐观。李克强总理早就预料到了中国经济可能面临的困难，早就预料到了国内国际对中国经济的质疑声音。他 2012 年在《求是》发表文章，解答大家的疑问，他说：“我为什么上来要跟大家讲 GDP 呢？同志们可能会问，说我们不能片面强调 GDP。这个话说得不错，但我们毕竟是发展中国家，发展还是我国解决一切问题的基础和关键。更重要的是，我们关注 GDP，其实关注的是就业。过去，我国 GDP 每增长 1 个百分点，就会拉动大约 100 万人就业。经过这几年经济结构的调整，尤其是随着服务业的加快发展，目前大概 GDP 增长 1 个百分点，能够拉动 130 万人甚至 150 万人就业。我请人力资源和社会保障部及有关方面反复测算，都认为要保证新增就业 1000 万人、城镇登记失业率在 4% 左右，需要 7.2% 的经济增长。我们之所以要稳增长，说到底就是为了保就业。”

中高速的经济增长也要考虑环境承载力的上限。在 1992 年到 2012 年的 20 年间，中国经济持续维持在两位数的增长速度，在 GDP 规模迅速扩大的同时，中国的环境问题日益触目惊心，无数条河流污垢横流，无数亩良田寸草不生，无数的城市被浓雾笼罩，一些闻所未闻、见所未见的疾病开始在重污染区域横行，人民的生命安全受到极大威胁。中国超高速的经济增长道路遇到了前所未有的挑战。但是，中国经济停滞下来带来的问题无疑更多，每一个百分点的增长率都意味着数百万的工作岗位，每跌一个百分点同样意味着蒸发掉几百万个就业岗位。别的且不说，仅仅是几百万个无业游民所带来的社会治安问题，都会成为任何一个国家头疼的问题。中国既要发展，又不能再延续病毒似的经济扩张道路。当下中国经济增长面临的形势严峻，保增长被置于突出的位置。当经济形势好转的时候，如果经济增长出现过热，我们也要学会给经济降温。维持经济的中高速增长，是考虑到环境承载力之后的一种理性选择。

相关链接

2014年，习近平在河南考察时首次提出“新常态”这一概念。他说：“我国发展仍处于重要战略机遇期，我们要增强信心，从当前我国经济发展的阶段性特征出发，适应新常态，保持战略上的平常心态。”同年12月，中央政治局会议强调“我国进入经济发展新常态”，要求在工作中“主动适应经济发展新常态”。

第三节
运用底线思维，释放社会活力

改革，就其本义而言，就是在政府的公共权力和社会的私人权利之间重新划定边界。如何既限制政府的权力，又不致捆绑住政府的手脚，如何释放社会的权利空间，又不致陷入个人主义的自由化牢笼，实现政府和社会之间的平衡无疑需要极高的技巧。

一、明确政府权力清单，划定政府行为边界

2013 年 1 月 22 日，习近平总书记在中央纪律检查委员会第十八届二次全体会议上强调指出，“要加强对权力运行的制约和监督，把权力关进制度的笼子里，形成不敢腐的惩戒机制、不能腐的防范机制、不易腐的保障机制”。总书记的这一重要讲话振聋发聩、振奋人心，其中所阐述的通过制度制约权力的思想标志着中国的政治建设达到了现代政治文明的高度。“把权力关进制度的笼子里”，是中国共产党在以往理论积累和实践探索基础上积极推进理论创新的成果。在建国之后的很长一段时期内，我们更加强调德治的重要性，强调思想政治

图为浙江政务服务网首页（2016 年 8 月 30 日摄）。

近年来，浙江省在国内率先推进以“四张清单一张网”（权力清单、责任清单、企业投资负面清单、财政专项资金管理清单和政务服务网）为主要抓手的简政放权改革，转变政府职能。这一举措，给市场释放出更多新动能。

（新华社记者　黄宗治　摄）

工作在国家治理体系中的突出作用。新中国的建设历程证明，片面强调德治，仅仅靠个人觉悟来约束权力是靠不住的。在对“文化大革命”的深刻总结的基础上，邓小平同志提出，“制度问题更带有根本性、全局性、稳定性和长期性”，也就是说，必须建立行之有效的权力监督与制约的制度系统，用制度的牢笼来约束权力的恣意妄为。

“把权力关进制度的笼子里”，关键在于依法用权。制度一般是指要求大家共同遵守的办事规程或行动准则，是人们按照理性的原则为自身的经济、政治、文化、社会等活动设定的一系列约束行为边界、指引行为目标的原则与规范。社会上有形形色色的行业和部门，它们都有具体的做事准则，制定这些制度的目的在于使其工作按计划、按要求达到预期目标。在一个国家之内，制度可以进一步划分为政治制度、经济制度、文化制度、社会制度等。尽管制度能在不同程度上约束公共权力的运行，但是就对权力的有效控制而言，唯有法律制度能达到最佳效果。洛克认为，“政府所有的一切权力，既然只是为社会谋幸福，因而不应该是专断的和凭一时高兴的，而是应该根据既定的和公布的法律来行使”。法治意味着不仅要服从形式的法律条文，更要符合法律原则和法律精神，体现出法治的正义和公平。与其他制度相比，法律制度最大的特点在于，它是人民共同意志的体现，具有国家强制力。权力是人民的权力，把权力关进制度的笼子里，就是人民用体现自己共同意志的、具有国家强制力的法律制度来规范权力的运行，用法律的武器来保护自己的权利不受侵犯。习近平总书记还强调指出，“各级领导干部都要牢记，任何人都没有法律之外的绝对权力，任何人行使权力都必须为人民服务、对人民负责并自觉接受人民监督”。

领导干部坚持依法用权必须坚持“法定职责必须为，法无授权不可为”，严守法律划定的职责红线。党的十八届四中全会《决定》指出：“行政机关要坚持法定职责必须为、法无授权不可为，勇于负责、敢于担当，坚决纠正不作为、乱作为，坚决克服懒政、怠政，坚决惩处失职、渎职。”这无疑是针对行政机关法制意识淡薄，有权乱为、有权不为现象而提出的。在党中央把“全面依法治国”作为“四个全面”的战略布局的重要组成部分提出来的时候，党员干部必须时刻谨记，任何一种权力的取得和存在都有法律依据，必须在法律规定的实体及程序范围内行使职权，不能滥用或超越职权。否则，要依法承担相应的法律责任。行政机关在享有权力的同时，也必须承担相应的责任，建设法治政府必须树立“权责一致”的理念。在具体的行政执法环节，“权责一致”的理念可以通过“清单制度”予以落实。也就是说，法律赋予行政机关何种职权，先要通过“权力清单”予以明确；与“权力清单”相配套，还要有相应的“责任清单”将行政机关的工作范围予以强化。在行政机关职责范围内的事务，行政机关必须采取积极的措施和行动依法履职，不得放弃、不得推诿、不得转嫁他人、不得不履行。“权力清单”和“责任清单”制度可以有效减少目前普遍存在的权责不一致现象，尤其是可以遏制“为官不为”的怠政、懒政现象。“为官不为”行为的本质就是不履行必须履行的法定职责，是有法不依的表现。这不仅影响政府职能的履行，也是对国家利益、社会公共利益和管理相对人利益的不负责任，对政府公信力乃至对全社会信法尊法守法都将产生负面影响。2015 年 2 月 6 日，刘云山同志出席中央党校省部级主要领导干部学习贯彻十八届四中全会精神全面推进依法治国专题研讨班结业式时提出，领导干部要做遵纪守法的模范，“要牢固树立社会主义法治信仰，把法治理念、法治精神融入工作和生活，心中高悬法律的明镜，手中紧握法律的戒尺，切实做到守法律、重程序、讲规矩。要始终坚持法定职责必须为、法无授权不可为，牢记法律红线不可逾越、法律底线不可触碰，坚决反对以权谋私、假公济私，切实做到公正用权、公平处事”。

二、积极培育社会组织，提高社会自治能力

中国社会自治能力的发展有其历史必然性。党的十一届三中全

会从根本上改变了我国社会历史发展的进程，也从根本上开始了我国城市基层治理方式的转变。随着以市场经济体制为核心的改革的不断推进，与计划经济体制相适应的管理体制不断趋向解体，社区居民自治在推进城市社区建设中应运而生。十一届三中全会以后，我们党和国家对高度集中的计划经济体制进行了深刻的反思，开始了经济体制改革的进程。社会主义市场经济体制的初步建立，是一个历史性的标志。它不仅给社会带来了深刻的变化，而且从根本上松动了传统“单位制”的根基，促使传统“单位制”走向解体。随着改革开放的深入和市场经济的发展，打破了中国原有的社会权力格局。计划经济时期，政府对政治生活、经济生活和社会生活等领域的统管和社会资源完全由其垄断的局面发生了重大改变，政府的权力边界逐渐明晰，市场对经济的调节作用日益强大，而社会则逐渐独立出来成为自治的领域。为了保证社会的稳定运行和健康发展，构建一种全新的基层社会管理体制，形成一种与社会分化程度相吻合、有利于现代化因素生成的社会整合机制已成定局。具体而言，人民群众的民主法制意识不断增强，政治参与的积极性明显提高，维护自身权益的要求日益强烈，对发展社会主义民主政治、落实依法治国基本方略提出了更高的要求，对实现自我价值、促进人的全面发展有着更高的期待。这些都在客观和主观上要求社会治理模式的改进，在求同存异中形成社会共识，在包容多样中扩大社会认同，要求大力培育社会自治能力。

随着以市场经济体制为核心的改革的不断推进，与原来的计划经济体制相适应的管理体制的不断解体，“公社”“居委会”逐渐被“乡村”“社区”所替代，这种称呼上的转变标志着中国社会自治开始蓬勃发展。在本质上，社会自治是自治民主的基本表现，是民主实施的具体化基层化的基本形式，也是培养公民民主参与的意识能力和热情的重要形式。但是当下各级领导干部在社会管理问题上的认识偏差，对社会自治能力的提升造成了一定的影响。第一种是全面控制的思维，这是当下中国各级政府在具体社会管理中频陷被动的根源。比如对于村级直选还有不同的看法，认为对村民放开选举将最终导致国家力量的消退、对乡村社会的失控，从而不利于党和国家的利益。这种认识的根源在于，面对多元化的社会力量的崛起和公民社会的成长，各级党政干部无法有效应对公民权利意识的觉醒与官员权力行使边界之间的冲突。第二种是稳定压倒一切的维稳思路，造成对社会冲突与稳定问题认识出现偏差。在维稳思路的主导之下，正常的社会矛盾和社会冲突的危险往往被无限放大，对人民群众正常的言论过分担心和提防，从而很容易将不同的意见或者本来很正常的另类事物和观点都看作是敌对的因素，其结果不仅造成了自己进行选择的范围越来越窄，而且导致在处理诸如新时期社会矛盾等一系列问题上的僵硬和无效。必须摆脱这种僵化的旧思路，才能给社会自治留出充足的空间，从而顺应社会发展的要求，建设和谐的社会。

为了适应社会自治的现实需要，党的十八届三中全会提出了“国家治理体系和治理能力现代化”的新思路。在党的十八届三中全会通过的《决定》中提出了，“全面深化改革的总目标是完善和发展中国特色社会主义制度，推进国家治理体系和治理能力现代化”的宏伟目标。“国家治理体系和治理能力现代化”，是全新的政治理念，它表明我们党对社会政治发展规律有了新的认识。“国家统治”让位于“国

2016 年 1 月 25 日，邵武市网格化“民生 110”服务中心谢英娥（左）和邱英（右）在处理群众求助服务工作中。

近年来，福建省邵武市进一步深化落实“三级联动、重心下移”联系服务群众工作机制，以创新社会治理为抓手，深化民情工作，全面推行“民生 110”社会网格化服务，通过收民情、汇民意、解民忧、释民惑，及时回应百姓服务诉求，实现了“四全服务”（服务区域全覆盖、服务时间全天候、服务内容全方位、服务部门全联动），密切了党群、干群关系，有效地解决了百姓“最后一公里”的问题。

该市自 2014 年 2 月启动“民生 110”便民服务以来，共受理电话 26000 多个，办结率达 98%，群众满意率达 97%，为 2400 多户困难群众提供了政府“购买服务”。

（新华社记者 林善传 摄）

家治理”，“社会管理”让位于“社会治理”，词汇上的差别隐含着的是理念的转变。习近平同志曾提出：“国家治理体系和治理能力是一个国家制度和制度执行能力的集中体现。国家治理体系是在党领导下管理国家的制度体系，包括经济、政治、文化、社会、生态文明和党的建设等各领域体制机制、法律法规安排，也就是一整套紧密相连、相互协调的国家制度；国家治理能力则是运用国家制度管理社会各方面事务的能力，包括改革发展稳定、内政外交国防、治党治国治军等各个方面。”从习近平总书记的讲话中不难看出，国家治理体系和治理能力是一个相辅相成的有机整体，有了好的国家治理体系才能真正提高治理能力，提高国家治理能力才能充分发挥国家治理体系的效能。

国家治理体系和治理能力的现代化有四条标准，即法制化、民主化、文明化和科学化。首先是建立完善的法律制度，通过法律制度厘清政府“能做什么”“不能做什么”“能做好什么”并做好擅长做的事情。与传统的统治不同，国家治理的权力主体不再是单一的政府或者国家公共权力，而是多元的，包括企业组织、社会组织和居民自治组织等；国家治理的性质也是协商性的而非传统的强制性，权力的来源和运行方向不是单一的自上而下，更多的是平行的，治理的范畴以公共领域为边界，比统治边界，宽广得多；关于达成的效果，面对纷繁复杂的社会事务，管理多为头痛医头、就事论事，而治理更注重事务的系统性、整体性、协同性，将顶层设计与“摸着石头过河”有机结合，效果往往事半功倍。在社会政治生活中，治理是一种偏重于工具性的政治行为。无论在哪一种社会政治体制下，都希望有更高的行政效率、更低的行政成本、更好的公共服务、更多的公民支持，有良好的国家治理。治理改革是政治改革的重要内容，治理体制也是政治体制的重要内容。但是，归根到底，治理是实现一定社会政治目标的手段，相对于国家的统治体制而言，治理体制更多体现了工具理性。

培育公民社会，增强社会自治能力是提高国家治理能力现代化的题中之义。健康成熟的公民社会将吸引政府转移职能，更多地将社会的事情交给社会去办，发挥政府和社会在协同治理中的主体作用。

合格有效的协同治理，要求参与主体之间有明晰的权责关系。只有明确多元主体的责任与义务，彼此之间才能形成相互的认可。而实现协同治理的重要路径就是利益相关方对彼此的信任，坚持合作与沟通，如果在协同治理的过程中部门与部门、人与人之间不理性的要素占据主要逻辑，冲突就会成为主要话题，而伴随着冲突的进展，各方利益和原则立场就会慢慢不可调和，这时候综合性、系统性战略布局就会失去作用，甚至成为一种更为难解和更为难以落实的负担。

三、习近平总书记推动农村土地改革的“三条底线”

据 2014 年 12 月 2 日中央电视台“新闻联播”通稿播报，习近平总书记主持召开了中央全面深化改革领导小组第七次会议，审议《关于农村土地征收、集体经营性建设用地入市、宅基地制度改革试点工作的意见》。会议指出，土地制度是国家的基础性制度。党的十八届三中全会明确了农村土地制度改革的方向和任务，这 3 项改革涉及农村集体经济组织制度、村民自治制度等一系列重要制度，关乎城镇化、农业现代化进程。要始终把维护好、实现好、发展好农民权益作为出发点和落脚点，坚持土地公有制性质不改变、耕地红线不突破、农民利益不受损三条底线，在试点基础上有序推进。土地征收、集体经营性建设用地入市、宅基地制度改革关系密切，可以作统一部署和要求，但试点工作中要分类实施。严守 18 亿亩耕地红线是推进农村土地制度改革的底线、是试点的大前提，决不能逾越。对宅基地制度改革的试点条件和范围要严格把关，不能侵犯农民利益，同时不得以退出宅基地使用权作为进城落户的条件，这是关系社会安定的重要举措。中央有关部门和地方要加强指导监督，严格把握试点条件。

守住“底线”　　新华社发　翟桂溪　作

2016年4月，习近平总书记在安徽凤阳县小岗村主持召开农村改革座谈会时强调：不管怎么改，都不能把农村土地集体所有制改垮了，不能把耕地改少了，不能把粮食生产能力改弱了，不能把农民利益损害了。农业丰则基础强，农民富则国家盛，农村稳则社会安。“四个不能”既关系到广大农民的切身利益，也关系到国家的粮食安全，更与农村的各项基本制度息息相关。“四个不能”明确指出农村改革必须牢牢守住的底线，为“三农”工作找准方向提供了重要遵循。　（新华社发　翟桂溪　作）

“小康不小康，关键看老乡”。推进农村土地制度改革是统筹城乡发展、实现全面建设小康社会宏伟目标的重要举措。中央会议再次提出农村土地改革要坚持“三条底线”，明确回答了广大农民群众普遍关切的土地性质、用途和自己今后生活如何保障等问题，真正让农民感受到了党和政府的关心、支持和爱护。

坚持土地公有制性质就是坚持中国特色社会主义。土地是农民的生存之本。我党从土地革命时期起，就发动群众推行土地改革，废除地主阶级土地所有制，实行农民土地所有制。新中国成立后，又通过农业社会主义改造，变农民土地所有制为国家公有制。这些改革早就给每一块土地打下了社会主义的深深烙印。党的十一届三中全会以后，我们党又推行家庭联产承包责任制，极大地解放了农村的生产力，解决了亿万人民的温饱问题。但随着改革开放的深入发展，家庭联产承包责任制无法再继续适应农业生产力发展的需要。在这种新形势下，我们只有再次深化农村土地改革。那就是进一步创新和激活土地流转机制，促进土地资源的优化配置和规模经营，促进农村经济的快速发展。但无论如何改革，我们还必须坚持土地公有制性质，因为这是我国农村经济制度的根本，是我国公有制经济的重要组成部分。可以说，坚持农村土地公有制性质，就是坚持农村基本制度的“魂”，就是坚持中国特色社会主义的“魂”。

坚守 18 亿亩耕地红线就是坚守 13 亿人口的“饭碗”。古语说：仓廪实、天下安。耕地是粮食生产的命根子，要确保国家粮食安全，首先就要守住耕地红线，保证耕地面积不减少、质量不下降。保住了耕地红线，才能保住我们的饭碗，才能把我国粮食安全的主动权牢牢掌握在自己手中。我国耕地总面积虽然位居世界第四，但人均耕地不足 1.2 亩，不及世界人均的 30%。因此，我们深化农村土地改革，必须进一步提高对保护耕地这一基本国策的认识，必须正确处理经济发展与耕地保护的关系，按照“在保护中开发、在开发中保护”的原则，坚持资源开发和节约并举，把节约放在首位，积极推进土地利用方式由粗放向集约转变，努力提高土地利用率。特别是要科学编制土地利用总体规划，严把土地利用计划控制关，坚决杜绝建设项目用地未批先用的违法行为，确保耕地总量动态平衡和土地的合理利用。只有实行最严格的耕地保护制度，严守土地供应闸门，才能坚守住耕地“红线”，才能保住 13 亿人的“饭碗”。

保证农民利益不受损就是要让农民尽享土地改革带来的红利。农村土地是农民最重要的生产要素、最大的财产。农村土地改革只有最大限度地保障农民的利益不受损，让农民得到实惠，这个改革才算是成功的。因此，我们深化农村土地改革，必须把保证让农民享受到改革红利放在首位，还农民土地的真正权利，保证农民对土地的占有、使用、收益、处置等权利。特别是乡镇政府，要加强土地承包经营权流转管理和服务，建立健全土地承包经营权流转市场，按照“依法、自愿、有偿”原则，允许农民以转包、出租、互换、转让、股份合作等形式流转土地承包经营权，发展多种形式的适度规模经营，让农民最大程度地分享农村土地制度改革带来的新成果，从而实现我国土地治理体系和治理能力的现代化。

通过以上两章的内容，我们能够清晰地看到：底线思维，对于我国“改革开放”这一伟大事业的启动和推进具有重要意义，对于我国在新的历史起点上继续全面深化改革依旧具有重要意义。在中国过去三十多年的“改革开放”道路上，“摸着石头过河”这一坚持实践导向、鼓励基层探索、在没有道路的地方杀出一条血路的思维方法是中国能够取得突出成就的重要原因。事实上，“摸石头”的过程，也是寻找底线、摸索支撑点的过程。比如，不同阶段、不同领域改革的共性和差异性，不同利益群体对改革的承受力，机构改革的力度、速度与维系正常行政运作的平衡等等，都需要我们认真思考、小心求证，从而在实践中既锐意进取、大胆探索，又稳妥把握、务求必胜。中华民族伟大复兴的中国梦越来越接近我们，但我们的事业越前进、越发展，新情况、新问题就会越多，面临的风险和挑战就会越多，面对的不可预料的事情就会越多。在这样的情况下，清醒认识我们所处的环境，凡事从坏处准备，努力争取最好的结果，显得尤为重要。当前，我国经济社会发展中的各种深层次矛盾日益凸显，诸多民生难题牵一发而动全身，资源、环境、生态压力迫在眉睫。直面挑战，需要逢山开路、遇河架桥的勇气，也需要管控风险、防守底线。木桶的容量，取决于最短的那块木板。从制定宏观政策、措施到出台解决具体问题的工作方案，都需要准确地找出短板，据此划定底线。比如，上项目搞开发，就必须考虑环境生态容量，考虑土地、拆迁等涉及民众现实利益的合理安排。加快发展，底线思维是安全阀，是稳压器，也是保险杠。

第 五 章

底线思维是党政干部提高执政能力的重要抓手

“现代性孕育着稳定，而现代化过程却滋生着动乱。”亨廷顿在《变化社会中的政治秩序》中提出的这句格言已经获得广泛的认同。放眼整个世界，随着新一轮的信息化浪潮和高科技革命的到来，现代化进程在不断加快，人类已经普遍进入一个高风险社会。在中国，随着改革开放的逐步深入，以及由此带来的社会转型的加速，中国面临的社会风险也在日益增多。在这样一个风险已经渗透到社会各个角落并成为日常生活重要组成部分的时代，能否有效地规避风险、化解危机、完成使命、做出成绩，就成为衡量各级领导干部执政能力的重要标尺。底线思维是一种“着眼最坏力求最好”的思维方式，它以筑牢防线、化解危机为抓手，以攻坚克难、干出最好成绩为目标，是转型社会中各级领导干部提高执政能力的重要抓手。

为深入学习贯彻习近平总书记系列重要讲话精神，推动全面从严治党向基层延伸，巩固拓展党的群众路线教育实践活动和“三严三实”专题教育成果，进一步解决党员队伍在思想、组织、作风、纪律等方面存在的问题，保持发展党的先进性和纯洁性，党中央决定，2016年在全体党员中开展“学党章党规、学系列讲话，做合格党员”学习教育。针对一些党员理想信念模糊动摇、党的意识淡化、宗旨观念淡薄等问题，中央要求要以党章党规明确标准、树立规范，以系列讲话加强理论武装、统一思想行动，从而把合格的标尺立起来，把做人做事的底线划出来，把党员的先锋形象树起来，用行动体现信仰信念的力量。

第一节

领导干部运用底线思维的基本原则

底线思维是新时期重要的执政思维。运用好这种思维方式，需要掌握一些基本原则。从主体角度来说，运用底线思维的人要心怀敬畏、积极作为。敬畏，说的是要对不可突破的底线充满敬畏之心；有为，说的是不能死守底线，要积极开拓新局面。从对象的角度来说，底线是全局中的边界，全局是底线支撑起的全局，底线意识要保证边界意识与全局观念的统一。从应用的角度来说，底线意识要注重“定位——定标——定法”的统一，“定位”是说运用底线思维要了解全局，找准底线；“定标”是说要量力而行，确定目标；“定法”是说采用恰当的方法，从底线通达顶点。

一、运用底线思维，要坚持有畏与有为的统一

底线是一条一旦突破将面临满盘皆输局面的“红线”。无论是做人还是做事，必须时刻对底线保持一颗敬畏之心，敬底线而远之。一个人有了敬畏之心，胸中就有了方向、行为准则和规范，就能自觉

约束自己，不做出格越轨之事。明代的方孝孺曾说：“凡善怕者，必身有所正，言有所规，纠有所止，偶有逾矩，安不出大格。”人一旦没有敬畏之心，往往就会肆无忌惮，甚至为所欲为胆大包天。有了敬畏之心，就不会忘乎所以无法无天。所以常怀敬畏之心的人格外谦逊，是一个有品位、有思想的人都应具备的基本素质。敬畏，是人类对待事物的一种态度，更是一种重要的生活智慧。孔子曾提出，“君子有三畏：畏天命，畏大人，畏圣人之言。小人不知天命而不畏也”。荀子也认为：“君子大心则敬天而道，小心则畏义而节”；“小人则不然，大心则慢而暴，小心则淫而倾”。古代圣贤告诫我们，做人要有所畏惧。怀有敬畏之心，才能约束自己在社会中的行为，不致行差踏错。正所谓“畏则不敢肆而德以成，无畏则从其所欲而及于祸”。古人讲求敬畏天命和天道，遵守圣人之言，行大道义举，注重自我节制，最终成就自我的道德文章。孔圣人终日乾乾，心怀敬畏，“敬鬼神而远之”“不语怪力乱神”，以中庸之道克己复礼，终成“至圣先师”。虽世殊事异，圣人之言在今天也有其价值。例如，不论时代怎么变迁，做人都要敬畏道德伦理的底线；经商要敬畏诚实守信的底线；从政要敬畏政治的底线。

心怀敬畏，并不代表畏缩、懦弱。常怀敬畏之心，知其不可为之事，才能知有所为。怀有敬畏之心，打牢防范体系，才能不逾越道德的底线、行为的规矩和政治的纪律。“人有祸则心畏恐，心畏恐则行端直”，端正做人才能行大道、利天下。诚如易中天所言：“一个什么都不在乎的人，也不可能真正在乎自己；一个什么都不怕的人，最后就什么都不是；而一个民族如果什么都不敬畏，那就不仅难有长进，没准连家底都保不住。”常怀敬畏之心，才能明了礼义廉耻，守住做人为官的底线。“知耻而后勇”，知不可为是为了更加积极地做可为之事。邓小平同志曾经说过：“共产党员谨小慎微不好，胆子太大也不好，一怕党、二怕群众、三怕民主党派，总是好一些。”[1]这充分体现了有畏与有为的统一，有所怕，才能兢兢业业；有所惧，才能勤勤恳恳。

常言道：官有所畏，业有所成。虽然每位领导干部在形形色色的潜规则中时刻保持“如履薄冰，如临深渊”的自觉实属不易，但却不可不为。在党面临的“四大考验”和“四大危险”的现实背景下，信念坚定的大多数领导干部都不应是旁观者，更应当敢担当，重责任，增强忧党、忧国、忧民的忧患意识，坚信“小行为也能影响大环境”。对群众的利益、历史的评判、法度的约束常怀敬畏之心，从日常做起，从自身做起，经常检查自己的一言一行是否对得起党和人民；时刻反省自己的一举一动是否牢记宗旨，勤政为民；经常对照党章国法检省是否存在违法乱纪、腐化堕落的迹象。无数事实表明，没有制约的权力必然导致腐败，没有边界的权力必然导致滥用。能否依法行政是衡量领导干部能否正确行使人民赋予的权力的重要标志。法定程序是权力的重要载体，法定程序的价值在于它的客观性、普遍性、稳定性和强制性。法定程序可以有效制约权力行使的主观随意性，使权力不逾越界限。每一个领导干部都要自觉成为贯彻依法治国方略的模范，严格执行法律、法规，特别要注意严格履行法定程序。既要严格按规定的程序和制度办事，自觉用程序规范权力、约束权力，又要依法推动

1 邓小平文选 [M]. 第 1 卷 . 北京：人民出版社，1994：271.

各项工作的开展。同时，要认真遵守党章和其他党内法规，养成按党的规矩说话办事的习惯，坚决维护党的政治纪律和政治规矩，切实做到令行禁止。

党的十八大以来，“法无授权不可为，法律授权必须为”的执政理念，就是有畏和有为相统一的重要体现。习近平总书记多次强调领导干部“要心存敬畏，手握戒尺”。党员干部要常怀敬畏之心，敬畏法律、敬畏组织、敬畏人民、敬畏舆论；自觉按照党的纪律办事，不越红线，不入雷池；时刻想着身后有无数双眼睛在注视着自己，自觉养成在群众的监督下学习、工作和生活的习惯；自觉将党的要求转化为个人追求，转化成为人民服务的行动，真正做到权为民所用，利为民所谋。领导干部要从倒下的腐败分子身上吸取深刻教训，引以为戒。警钟长鸣，才能在各种诱惑的“歪门邪道”面前经得起考验，才能在全面深化改革进程的“人间正道”上有所作为。

相关链接

2016年10月17日起，由中央纪委宣传部、中央电视台联合制作的八集专题片《永远在路上》连续播出。片中曝光了周永康、薄熙来、郭伯雄、徐才厚、令计划、苏荣等多个领导干部落马后的画面，多只重量级“大老虎”接受采访，在镜头前忏悔，多处案件细节首度公开。在片中，相关案件当事人现身说法，穿插办案人员、专家学者的讲述和分析，多处案件细节首度公开，受到广泛关注，引起强烈反响。

二、运用底线思维，要注重边界意识与全局观念的统一

底线是全局中的边界，全局是边界中的全局。不同的局面有不同的边界，如做人追求的格局不同，其所守卫的底线也有所差别。当然，不同的底线所支撑起来的也是不同的人生境界。底线思维强调边界意识与全局观念的统一。边界是一个地理概念，多指两个国家之间的分界线。跨过边界就意味着进入了另一个国家，如果没有合法有效的签证，跨越边界就是非法出入境，将遭受严厉的惩罚。可见，边界是不能随意跨越的红线、底线。边界意识就源自于此。边界意识认为，人生活中的方方面面可以分为许多不同的领域，这些领域具有相对的自主性和独立性。在私人生活与公共事务之间，在科学、宗教、道德和文化的不同领域之间，在哲学、数学、物理学、生物学等不同的学科之间，都有着不同的规则和标准。不能用一个领域去否定另一个领域，每一个领域都有自身的规则，每一个规则都有自身的边界。可见，边界意识是一种规则意识。边界意识认为，不同的领域有着不同的规则，应充分尊重各个不同领域的规则。边界意识认识到，如果越过一

个领域的边界，用这个领域的规则去解答其他领域的问题，只会带来社会秩序的错位与观念的混乱。

边界意识不仅应当成为个体自我意识的基础，更应当成为政治与社会运行的重要原则。如果把边界意识放到整个人类生活中，就是要时刻意识到政府、社会、市场三种制度安排的边界。不同的制度有着不同的适用范围，一旦越界侵入其他领域，就会损害到社会活动整体的规则和效率。尤其是掌握了公权力的政府和官员，如果越界与社会、市场争权、争利，就会导致政府公共职能与法律制度的弱化，形成各种各样的行政垄断，使社会和市场缺乏自主与自治性，最终使公权力失去有效的约束。边界意识的缺乏，还会使很多官员模糊公事与私事、公权与私权的边界，催生一种“公权私有观”，权力寻租会成为社会常态。最终，普通公民也会意识不到自己权利的边界，不敢表达与要求自己的权利，同样也意识不到自己对社会的责任。边界意识意味着要培育常识和健全理性。只有这样，才能慢慢减少那些崇拜虚妄或随意越界的社会闹剧。只有在一个崇尚理性、尊重边界和规则的社会中，人们才能真正获得追求幸福和梦想的权利。人们越是对每个生命、每种社会行为的边界有清醒的认识，就越会意识到自由、独立、宽容、关爱、怜悯、互助等这些积极价值的重要。

当然，边界意识并不是让不同的领域处于隔绝状态，而是同时要保持不同领域的交流与合作，共同服务于全局。事实上，只有保持高度的边界意识，时刻意识到边界的存在，尊重彼此的规则和边界，才会出现真诚的交流与可持续的合作，为全局的开拓创造条件。因此，在保持边界意识的同时，必须怀有全局观念。

全局观念，顾名思义，就是指顾全大局的思想认识。对于一个国家、一个地区、一个单位和一个集体而言，顾全大局就是顾全国家的、地区的、单位的、集体的整体利益，谋事创业先从国家的、地区的、单位的、集体的整体利益着想。全局观念要求以全局的长远利益为重，以全局的长远需要为重，以集体和他人为重，并以此来分清轻重缓急，知道什么是应该做的，什么是不应该做的，什么是需要抓紧完成的，什么是可以推后的。树立全局观念，需要注意以下三点。第一，大局总是不断发展变化的，因此，必须跳出一时一地的局限，自觉地把一地、一部门的工作放到全国工作大格局中，用更宽广的眼界和思维审时度势，权衡利弊，把握现在，透视未来。如果斤斤计较于眼前利益和个人得失，就会因小失大。第二，全局是大与小的辩证统一。以我国的发展为例，最大的全局当然是指国家的团结统一、民族的发展振兴、两个一百年奋斗目标的全面实现等，对于任何地区、单位和个人来讲，这个大局都不能有丝毫的含糊。所谓全局的小，是指每一个地区、每一个部门、每一个单位，也有自己的大局，如加快区域经济发展、维护地方社会稳定等。大的全局和小的全局既互相区别，又互相联系，人们只有善于看到这种区别和联系，根据它们在一定范围、一定时期的地位和作用，才能正确决定自己的行动。第三，全局观念要树立全国上下一盘棋的系统思维。国家是个大系统，部门、地方是子系统。子系统只有在大系统中才能发挥其作用、体现其价值，而大系统必须依靠子系统才能正常运转。因此，全局观念要求用系统的观点妥善处理整体与部分、全局与局部的关系，使我们所思所想、所作所为有一个正确的取向。

大局意识是我们克服困难、推进工作的战略观点、思想方法和工作要求，历来为我们党所高度重视并大力倡导和弘扬。毛泽东同志说过：“指挥全局的人，最要紧的是把自己的注意力摆在照顾全局上面。”[2]邓小平同志指出：“考虑任何问题要着眼于长远，着眼于大局，眼界要非常开阔，胸襟要非常开阔。”[3]党的几代领导人都对大局意识作过精辟的论述，要求各级干部增强大局意识，围绕大局来思考问题，开展工作。这充分显示了大局意识的重要性。无论是革命战争年代，还是和平建设时期，我们党都注重依靠大局意识来凝聚思想、激发士气、统一行动，闯过一个又一个难关，夺取一个又一个胜利。无疑，树立大局意识对国家、民族的振兴有利，对一个地区的稳定和发展有利，对一个人所在的单位和集体的工作有利。在新的形势和任务面前，我们研究、探讨如何树立大局意识与顾全工作大局，对于全面做好新时期的各项工作，尤其具有现实重要性和必要性。

三、运用底线思维，要坚持“定位——定标——定法”的统一

底线思维是一种着眼最坏、力求最好的思维方式。从坏处着眼，就是要找准底线、筑牢防线。面对一个对象、事件、局面，找准其底线及找出如何筑牢防线，需要确定其历史的和现实的、纵向的和横向的方位，此为“定位”。力求最好是底线思维的目标，在定位的基础之上，要确定该对象、事件、局面的目标。目标不同于愿望，愿望可

2 毛泽东选集 [M]. 第 1 卷 . 北京：人民出版社， 1991：176.
3 邓小平文选 [M]. 第 3 卷 . 北京：人民出版社， 1993：298.

以信马由缰地想象，目标则必须接受特定约束条件（历史方位）的限制，此为“定标”。底线思维讲求咬住底线、力攀顶线，由底线通达顶线，才是底线思维的完整实现，而这一过程需要确定恰当的方法，此为“定法”。运用底线思维，必须做到“定位——定标——定法”的有机统一，才能做好工作。

方位是事物在时间和空间中所处的位置。方位不以人的意志为转移，具有客观性；一个事物的方位不是静止的，总是以一定的形态发展、变化；这也决定了通过方位把握事物具有时效性，即方位只能把握某一特定时空阶段内客观事物的存在状态。确定一个事物的方位，包括确定其历史方位和空间方位，前者为纵向的定位，后者为横向的定位。确定方位是全面了解一个事物及其与自身的历史和其他事物关系的过程，对于任何的决策都是至关重要的。在底线思维中，定位也非常重要，是底线思维的起点。只有准确地确定一个事物、事件或局面的方位，才能找出这个对象由好变坏、由可以接受变得不可接受的临界点。同时，也只有在准确定位的基础上，才能找出如何守住底线、在多大的距离上构筑防线及如何筑牢防线。我们党的历史已经充分证明，什么时间准确地把握住了党和国家的历史方位，什么时间就能把革命和建设事业推向前进。革命战争年代，我们党之所以能够取得新民主主义革命的胜利，是因为党对中国半殖民地半封建社会的历史方位和世界反法西斯斗争的空间方位做出了准确的判断。新中国成立之后，我们党之所以能够拨乱反正，做出改革开放的伟大创举，是因为我们党对世界和平发展的大局和国内贫穷落后的状况做出了准确的判断。十六大更是对我们党所处的方位做出了明确的判断：“我们党历经革命、建设和改革，已经从领导人民为夺取全国政权而奋斗的党，成为领导人民掌握全国政权并长期执政的党；已经从受到外部封锁和实行计划经济条件下领导国家建设的党，成为对外开放和发展社会主义市场经济条件下领导国家建设的党。”这一概括明确了我们党从革命党到执政党、从计划经济到改革开放的方位转变。随着我们党的方位发生转变，党的工作重心和执政方略都要发生重大的转移和改变。

在确定方位的基础上，还需要确定目标。定标，就是确定一定历史方位和空间方位中的首要任务和目标。目标是非常重要的，它首先能提供方向。大到国家，小到个人，没有目标并不是无法生存，但却会像无头的苍蝇一样盲目。目标还能提供凝聚力，对于个人而言，目标能够聚集行为人的注意力，发掘个人的潜力；对于集体而言，目标能够凝神聚气，团结集体的力量，办成大事。底线思维要求在守住底线的前提之下开创最好的局面。在这里，“最好”是一个相对概念，为行为人提供了目标。“最好”并不是说目标的设定可以天马行空、恣意妄为。事实上，目标设定的最大忌讳就是好高骛远。关于目标的设定，管理学经过科学的实验，总结出了五条重要的原则，即目标必须是明确的、可测量的、行动导向的、务实的、有时间表的。这为我们设定目标提供了一定的借鉴意义。

找出底线、设定目标之后，就需要通过一定的方法落实目标。定法，就是确定实现首要任务和根本目标的基本途径与方法。毛泽东曾经说过，“不解决桥或船的问题，过河就是一句空话”，这句朴实无华的话语充分表明了方法的重要性。因此，毛泽东同志特意告诫过党的领导干部，“我们不但要提出任务，而且要解决完成任务的方法问题”。[4] 在很多时候，只要找到了恰当的方法，很多复杂的问题都能迎刃而解。伟大的发明家爱迪生曾经说过，“任何问题都有解决的办法，无法可想的事是没有的。要是果真弄到了无法可想的地步，那也只能怨自己是笨蛋，是懒汉”。爱迪生以自己几千次寻找灯丝的实际行动证明了，只要肯尝试、够刻苦，就一定能找到解决问题的方法。

运用底线思维必须坚持“定位——定标——定法”的统一，以这套方法定方位、找底线、立目标、寻方法，化解危机，成就事业。“定位——定标——定法”是一种非常有效的工作方法。在我们党的历史上，很多伟大的思想家、战略家都是“定位——定标——定法”的行家里手。毛泽东通知的“半殖民地半封建社会——国家独立和民族解放——新民主主义革命”，是“定位——定标——定法”的经典运用；邓小平同志的“社会主义初级阶段——解放和发展生产力——改革开放”，也是“定位——定标——定法”的绝妙之笔；习近平的“第二大经济体——实现中华民族伟大复兴——四个全面”，更是“定位——定标——定法”的妙招。

4 毛泽东选集 [M]. 第 1 卷 . 北京：人民出版社，1991：139.

第二节
贯彻群众路线，守住党员的生命线

习近平总书记高度重视“群众路线”，把它提高到我党生命线的高度来认识，是有着强烈的现实针对性和问题意识的。一方面，我们党面临着“四大考验”和“四大危险”，同时“四风”问题严重，腐败依然猖獗，“反腐败斗争还没有取得压倒性的胜利”；另一方面，距离2020年全面建成小康社会以及实现“两个一百年”的伟大目标还有很繁重的任务要完成，历史留给我们党的时间已经不多了。为了解决自身存在的问题，从而领导全国人民完成党向人民庄严承诺的奋斗目标，必须不折不扣地贯彻党的群众路线，唯其如此，才能赢得人民群众的支持和拥护，找到自身的力量之源。

一、我们党面临严峻的主客观挑战

在建党90周年之际，胡锦涛同志敏锐地认识到，我们党面临着“四大考验”和“四大危险”，即我们党既面临着“长期执政的考验、改革开放的考验、市场经济的考验、外部环境的考验”，又面临着“精神懈怠的危险，能力不足的危险，脱离群众的危险，消极腐败的危险”。党的十八大报告不仅认可我们党面临着“四大考验”和“四大危险”，而且认为这些危险和挑战更加尖锐地摆在了我们党面前。“四大考验”和“四大危险”在庆祝建党90周年的大会和党的全国代表大会上提出，这本身就体现了我党面对问题的勇气和强烈的忧患意识，更说明我党面临的问题已经时不我待、刻不容缓。“四大危险”和“四大考验”的提出振聋发聩、醍醐灌顶，给许多被发展的成就冲昏头脑的领导干部打了一剂强心针，提醒着每名党员干部都必须保持高度警觉。

我们党面临的第一个考验是长期执政的考验。党的十六届四中全会通过的《中共中央关于加强党的执政能力建设的决定》指出：“党的执政地位不是与生俱来的，也不是一劳永逸的。我们必须居安思危，增强忧患意识，深刻汲取世界上一些执政党兴衰成败的经验教训，更加自觉地加强执政能力建设，始终为人民执好政、掌好权。”在党的领导下，中国已经实现了由解决温饱到总体上达到小康的历史性跨越，但是，我国仍然处于并将长期处于社会主义初级阶段，社会主义初级阶段的许多任务还远远没有完成，发展起来的地区有发展起来的问题，贫困地区有贫困地区的问题，各种问题叠加在一起。在国内，改革和发展正处在关键时期，社会利益关系更为复杂，新情况新问题层出不穷，可以预见和难以预见的风险增多，统筹国内发展和对外开放的要求更高。在国际上，进入新世纪新阶段后，国际局势发生了一系列新的深刻变化，尽管和平与发展依旧是时代主题，但关键领域和核心利益的争斗依旧波谲云诡。中国共产党要长期执政还面临着许多严峻的重大考验。

第二个考验是改革开放的考验。改革开放是党在新的历史条件下领导人民进行的新的伟大革命，是决定当代中国命运的关键抉择，是坚持和发展中国特色社会主义、实现中华民族伟大复兴的必由之路。改革开放以来，我国持续30年的经济高速发展，取得了举世瞩目的成就，人民生活水平有了显著提高，综合国力名列世界前茅，但是改革开放也带来了一些不可避免的问题和挑战，例如：改革带来的利益结构调整使一些人受益的同时也使一些人的利益受到损害，出现了贫富差距和环境污染等严重问题；改革历经多年“由易及难”，在某些领域的推进似乎正遭遇瓶颈，或是遭受既得利益集团的阻力；生产方式和生活方式多样化，促进人们自主意识、竞争意识、效率意识、民主意识和权利意识觉醒，导致人们思想活动独立性、选择性、多变性和差异性增强；物质利益和分配方式的多样化，使得群众自主性增强，对党的依赖减弱。这些都是我们党必须迎接的改革开放的考验。

第三个考验是市场经济的考验。社会主义市场经济是中国共产党在人类历史上第一次伟大的创举。社会主义市场经济确立以来，市场经济在配置资源上发挥出巨大能量，在很短的时间内就使中国发生了翻天覆地的变化，使社会主义焕发了前所未有的活力。但是市场经济带来了一些不小的挑战，例如：我国社会主义市场经济体制不够完善，权力能够轻易地渗透到商品交换的过程中，造成权力与市场的勾结，形成了庞大的利益集团；市场经济强化了人们的功利性，趋利成为人们的本能追求，使人们过分追求物质享受，市场经济建立后，利益冲突与价值观多元化导致道德建设“滑坡”；商品经济的个人主义和自由主义原则与社会主义制度所提倡的集体主义相冲突，商品经济产生了“金钱至上”的“拜金主义”行为，为腐败现象提供了借口等。

第四个考验是外部环境的考验。改革开放给中国带来的巨大变化，使我国改变了过去的半封闭局面，融入了世界现代化大潮。改革开放以来，我国充分享受到走向世界的好处，最大限度地利用了外部的资源、市场、技术和人才，促进了我国的快速发展。随着我国对外开放力度的加大，党越来越面临外部环境的严峻考验。由于西方思想观念的涌入，传统的价值观念和主流意识形态受到前所未有的冲击；人民群众在更加全面地了解到外部世界的真实状况之后，开始用挑剔的眼光来看待党，一旦我们的党无法满足他们的诉求，他们就会选择“用脚投票”“溜之大吉”；进入21世纪以来，世界进入了一个大发展、大变革、大调整的时期，世界政治经济格局发生了新变化，国际力量对比出现新态势，国力日益强盛的中国也更容易成为众矢之的；霸权主义和强权政治依然存在，局部冲突加剧，传统安全威胁和非传统安全威胁相互交织，国际恐怖主义、民族分裂主义和领土争端依然是我国面临的挑战。

“四大考验”总结了我们党在新时期遭遇到的各种挑战，但是归结到一点，“四大考验”的核心是长期执政的考验。中国的发展关键在党，在我们建党90多年、执政60多年后，我们长期面对的各种考验更加复杂和严峻，对党的执政能力提出了更高要求。党能否顺应时代要求，提高执政能力，维持长期执政的地位，关系到国家的长治久安和中华民族伟大复兴的“中国梦”能否实现。除了“四大考验”之外，我们党还面临着“四大危险”。

第一是精神懈怠的危险。当前，有些党员干部理想信念动摇，丧失马克思主义和共产主义信仰，精神萎靡不振，缺乏积极进取、勇于创新的精神状态。习近平总书记把精神懈怠的危险放在首位是不无道理的。习近平总书记在中央纪委第六次全会上强调：“理想信念是思想和行动的‘总开关’、‘总闸门’，理想的滑坡是最致命的滑坡，信念的动摇是最危险的动摇。”怎样化解精神懈怠的危险，最重要的一点就是要坚定理想信念。保持党的先进性和生命力，就要不断加强教育和引导广大党员干部树立马克思主义信仰，胸怀共产主义的远大目标，并把这种远大理想落实到脚踏实地、扎扎实实做好当前的本职工作上，始终保持积极向上、勇于开拓进取的精神状态。

第二是能力不足的危险。这是针对当前有些党员干部忙于工作应酬，不愿学、不想学、不能静心学的问题比较突出而提出。面对当前日益复杂多变的国际形势以及国内改革开放过程中的维护改革、发展与稳定的艰巨任务，如果领导干部和党员能力不足，势必会穷于应付，党的长期执政不能实现，中国特色社会主义事业难以实现，中华民族的伟大复兴也难以实现。要解决我们党能力不足的危险，党员干部必须努力提高自己向书本、向群众、向实践学习的能力，不断提高自身的领导能力和领导水平。各级党组织要继续深入推进创先争优活动，教育引导领导干部和广大党员把创先争优作为一种理念融入思想，作为一种动力融入工作，作为一种追求融入人生，在实践中不断化解能力不足的危险。

第三是脱离群众的危险。有些党员干部脱离群众、脱离实际，不能够深入基层，了解群众疾苦，把为人民服务的宗旨当成空洞的口号，官僚主义、形式主义严重。中国共产党作为马克思主义的执政党，最大的政治优势就是密切联系群众，最大的危险就是脱离群众。脱离群众不仅仅会使党无法做出正确的决策，不能形成科学有效的领导，中国特色社会主义伟大事业难以实现，甚至会被群众抛弃，丧失执政党地位。只有时刻牢记全心全意为人民服务的根本宗旨，坚持群众路线，保持同人民群众的血肉联系才能有效化解脱离群众的危险。各级党组织要切实加强思想政治教育，增强广大党员干部的宗旨意识和群众观念，深入基层、深入群众，了解群众需求、解决群众疾苦、满足群众利益，做到一切为了群众、一切依靠群众、一切服务群众，才能有效化解脱离群众的危险。

第四是消极腐败的危险。与一般的主动腐败、显性腐败有一定的区别，消极腐败具有一定隐蔽性，与直接的贪污受贿、买官卖官等直接腐败不同，例如公款吃喝、铺张浪费、官僚作风、形式主义等。虽然没有表现为具体的违法犯罪，却对行政效率和机关风气造成了严重的消极影响，极大损害了执政党和政府的公信力和公共形象。可以说，消极腐败对执政党组织特别是干部队伍的侵蚀和危害，丝毫不亚于贪污腐败等显性腐败。要有效化解消极腐败的危险，各级党组织就要教育广大党员、干部自觉加强党性修养，始终弘扬党的优良传统，始终保持谦虚、谨慎、不骄、不躁的作风，始终保持艰苦奋斗的作风，堂堂正正做人、老老实实做事、清清白白为官，努力成为实践社会主义核心价值体系的先锋模范。

在“四大危险”中，最大的危险是脱离群众的危险。十八大党章中指出，“我们党的最大政治优势就是密切联系群众，党执政后的最大危险是脱离群众。党风问题、党同人民群众联系问题是关系党生死存亡的问题”。这警示我们，工人阶级政党的一切工作，时时刻刻都不能离开人民群众。离开了这个社会基础，党就失去了领导人民群众坚持社会主义道路的基本资格。历史告诉我们，人民群众是中国共产党的力量源泉和胜利之本，失去了人民群众的拥护和支持，党的事业和一切工作就无从谈起，就会成为无源之水、无本之木。

在“四大考验”和“四大危险”给我们党造成极大挑战的新时期，“四风”问题让我们党面临的困难更加尖锐。所谓“四风”问题，就是指我们党在执政中表现出来的形式主义、官僚主义、享乐主义和奢靡之风。一是形式主义，最突出的表现就是弄虚作假、作表面文章，以赢得上级肯定和领导满意。例如，一些地方的干部成天赶“秀场”，挂横幅、登台面、上镜头，“认认真真走过场，扎扎实实做样子”，搞不切实际的高指标，搞虚报浮夸的假政绩，搞沽名钓誉的形象工程。二是官僚主义，其要害是脱离实际、脱离群众，高高在上、漠视现实，唯我独尊、专横跋扈。例如，一些干部对上曲意逢迎，对下吆五喝六，“不怕群众意见大，就怕领导印象差”，对人民群众的疾苦视而不见，甚至麻木不仁，门难进、脸难看、话难听、事难办。三是享乐主义，表现为信念动摇、精神懈怠、不思进取，追名逐利、贪图享受。例如，一些领导干部认为“理想是空的，政治是假的，吃喝玩乐才是真”，因此奉行及时行乐的人生哲学，“今朝有酒今朝醉”“人生得意须尽欢”。四是奢靡之风，表现为铺张浪费、挥霍无度，生活奢华、骄奢淫逸，甚至以权谋私、腐化堕落。在一些干部心中，艰苦奋斗已渐行渐远，群众观念日渐模糊，追求山珍海味，喝美酒佳酿，为了个人私欲不惜动用财政经费，甚至连扶贫款项也敢拿来挥霍。

“四风”问题本质上都是脱离人民群众的问题。“四风”问题损害党的形象，违背党的性质宗旨，群众深恶痛绝。群众的眼睛是雪亮的。党员干部身上的问题，群众看得最清楚、最有发言权。“形式主义烦死人，官僚主义压死人，享乐主义毒害人，奢靡之风腐化人”，这个顺口溜点中了作风顽疾的“穴位”。“四风”问题，社会影响恶劣，群众反映强烈，是横在党同人民群众之间的“无形之墙”。虽然发生在少数干部身上，但如果任其传播泛滥，就会像无形的墙隔开党和群众，像锋利的刀割裂干群之间的信任。“水能载舟，亦能覆舟”，得人心者得天下，失人心者失天下。人心向背，是决定一个政党、一个政权兴亡的根本性因素。严重脱离群众，必然失去民心；政风廉洁，就会赢得民心。历史和现实也一再告诫我们，执政党的建设和管理，比没有执政的政党要艰难得多。中国共产党是马克思主义政党，执政时间越长，越是要抓紧党的自身建设，越要加强对党和干部的管理，不能有一丝一毫的放松。

二、群众路线是我党的生命线和根本工作路线

基于对新时期、新形势和新任务的判断，习近平总书记提出了“群众路线是党的生命线和根本工作路线”的重要论断，并在全党上下掀起“群众路线教育实践活动”。把“群众路线”提高到是我们党的“生命线和根本工作路线”的高度，这体现了以习近平为总书记的新一届党中央对“群众路线”的认识达到了一个新高度。为了更深刻地理解习近平总书记的论断，必须从理论高度深入理解和把握这一命题。

党的“群众路线”的提出经历了一个孕育萌芽、丰富发展到系

2016 年 6 月 29 日，参观者在观看文献展。当日，国家图书馆主办的“红色记忆——纪念中国共产党成立九十五周年馆藏文献展”在国家典籍博物馆开展。展出的 325 种、340 余件（册）珍贵馆藏文献，分为马克思主义在中国的传播、党章与党的机关报、反“围剿”与长征、统一战线建设、党的思想作风建设、党的群众路线建设、人民文艺成果七个主题单元，再现了中国共产党的发展历程。（新华社记者　殷刚　摄）

统提出的过程。群众路线孕育于红军时期。1933 年 6 月，毛泽东同志指导查田运动时，第一次提出了“群众路线”这一概念，指出：“不按阶级路线与群众路线，不得群众赞助与同意，都不能使查田运动收到成绩，反会使群众不满，阻碍查田运动的进行。”[5] 到了抗日战争时期，党的群众路线的内涵开始丰富发展。1943 年 6 月，毛泽东同志在《关于领导方法的若干问题》中讲：“凡属正确的领导，必须是从群众中来，到群众中去。这就是说，将群众的意见（分散的无系统的意见）集中起来（经过研究，化为集中的系统的意见），又到群众中去作宣传解释，化为群众的意见，使群众坚持下去，见之于行动，

5 毛泽东文集 [M]. 第 1 卷 . 北京：人民出版社，1993：274.

并在群众行动中考验这些意见是否正确。然后再从群众中集中起来，再到群众中坚持下去。如此无限循环，一次比一次地更正确、更生动、更丰富。”[6]这是毛泽东同志对群众路线的比较完整的论述。在此之后，我们党又对群众路线作过三次系统总结。第一次是在1945年党的七大上，刘少奇同志在《关于修改党章的报告》中强调，“群众路线是我们党根本的政治路线，也是我们党根本的组织路线。”他把毛泽东同志提出的“群众路线”概括为：“一切为了人民群众的观点，一切向人民群众负责的观点，相信群众自己解放自己的观点，向人民群众学习的观点。”第二次是在1956年党的八大上，群众路线被写入了党章。邓小平同志在《关于修改党章的报告》中提出了很多关于群众路线的重要思想，提出要通过建立制度和加强监督来保证群众路线的贯彻，使党不脱离群众。最后，我们党在《关于建国以来党的若干历史问题的决议》中对群众路线进行了理论总结，把群众路线概括为“一切为了群众，一切依靠群众，从群众中来，到群众中去”。

党的“群众路线”包含四句话，两个方面的内容。第一个方面是党对人民群众的基本立场和基本观点，回答的是我们党为了谁、依靠谁的问题。这个问题对于我们党至关重要，正如胡锦涛同志曾经深刻地指出的，“为了谁和依靠谁的问题是判断一个真假马克思主义政党的试金石”，一个党只有全心全意为了人民、相信人民、依靠人民，它才是真正的马克思主义政党。群众路线的第二个方面的内容是党对待人民群众的方法，“从群众中来、到群众中去”讲的是要尊重群众的首创精神，

6 毛泽东选集 [M]. 第 3 卷 . 北京：人民出版社，1991：899.

其含义是，把群众在改造世界的直接实践活动中积累起来的好的经验和方法收集起来，整理成理论，并在群众的实践活动中检验其真假。邓小平同志曾经说过，“如果不从认识方法上解决党的主张必须是‘从群众中来，到群众中去’的问题，那么，党同人民群众的关系问题仍然不能真正地解决。实践证明，许多人并非在主观上没有为人民服务的愿望，但是他们仍然把工作做坏了，使群众受到重大的损失。

这是因为他们自以为是先进分子，是领导者，比群众懂得多，因而遇事不向群众学习，不同群众商量，因而他们出的主意，经常在群众中行不通；但是，他们又不从错误和失败中取得教训，以为错误和失败，只是由于群众落后和其他临时因素的影响，因而滥用党的威信，继续一意孤行，这就使他们的错误和失败愈来愈严重”。[7]事实上，我们的很多党员党部并不是不想为人民服务，而是因为没有好的方法，往往好心办了坏事，最终损害了人民的利益，也损害了党在人民群众中的地位和形象。

党的“群众路线”有着深刻的理论根据，首先，它是马克思主义群众观的必然要求。马克思主义群众观是马克思主义经典作家关于人民群众历史地位和马克思主义政党与人民群众关系的思想观点和重要论断，它包含着丰富的内涵。其中最主要的内容是，人民群众是社会上的物质财富和精神财富的创造者，是推动社会变革和历史进步的根本动力。马克思主义的群众观是以唯物史观为基础的。马克思、恩格斯指出，“第一个历史活动就是生产物质生活本身，这是人们从几

7 邓小平文选 [M]. 第 1 卷 . 北京：人民出版社，1994：218.

千年前直到今天单是为了维持生活就必须每日每时从事的历史活动，是一切历史的基本条件。”[8]由于人民群众是生产活动的主体，推动了生产力和生产关系的变革，进而推动了社会历史的演进，因此马克思恩格斯反对唯心主义的英雄史观，认为历史是由人民群众创造的。毛泽东同志继承了马克思主义群众观的基本观点，在《论联合政府》中提出：“人民，只有人民，才是创造世界历史的动力。”[9]

其次，党的群众路线是马克思主义政党性质的本质体现。马克思恩格斯在总结共产党领导的无产阶级运动的特征时指出，“过去的一切运动都是少数人的或者为少数人谋利益的运动。无产阶级的运动是绝大多数人的、为绝大多数人谋利益的独立的运动。”[10]我们党的领导人继承了马克思恩格斯对共产党提出的要求，并把“全心全意为人民服务”作为党的宗旨提了出来。毛泽东同志指出，“全心全意地为人民服务，一刻也不脱离群众；一切从人民的利益出发，而不是从个人或小集团的利益出发；向人民负责和向党的领导机关负责的一致性，这些就是我们的出发点。”[11]邓小平同志反复强调，要把人民拥护不拥护、赞成不赞成、高兴不高兴、答应不答应作为制定方针政策和作出决断的出发点和归宿。他还提出：“与资产阶级政党不同，工人阶级的政党不是把人民群众当作自己的工具，而是自觉地认定自己是人民群众在特定的历史时期为完成特定的历史任务的一种工具。”

---

8 马克思恩格斯选集 [M]. 第 1 卷 . 北京：人民出版社，2012：158.
9 毛泽东选集 [M]. 第 3 卷 . 北京：人民出版社，1991：1031.
10 马克思恩格斯选集 [M]. 第 1 卷 . 北京：人民出版社，2012：411.
11 毛泽东选集 [M]. 第 3 卷 . 北京：人民出版社，1991：1094 － 1095.

共产党作为人民群众完成自己历史任务的工具，必须以全心全意为人民服务为宗旨，否则人民一旦发现这个工具不顺手甚至碍手碍脚，就可以弃之若敝履。习近平总书记强调："今天，衡量一名共产党员、一名领导干部是否具有共产主义远大理想，是有客观标准的，那就要看他能否坚持全心全意为人民服务的根本宗旨。"[12] 全心全意为人民服务的宗旨要求共产党人必须践行群众路线。

脱离群众对于任何一个政党而言都是一件非常危险的事，在野党将因为脱离群众而永远无法取得政权，执政党将因脱离群众而丢失政权。对于中国共产党而言，同样如此。在革命战争年代，面对国民党的围追堵截，中国共产党生死悬于一线，党必须和群众在一起，扎根于群众。离开了群众的支持，当时还非常弱小的中国共产党压根无法生存。随着新中国的成立，中国共产党取得了执政地位，此时党和人民群众打交道的条件发生了巨大的变化。但是，在刚开始极其艰苦的条件下，要想稳住新生的政权，取得人民群众的信任，党员干部必须和工人农民一起参加劳动，同甘共苦，推动经济社会发展。但是，随着条件的好转，尤其是社会财富的极大丰富，少数党员干部在思想上、作风上甚至行动上脱离群众的问题时有发生，脱离群众的危险越来越突出。进入改革开放的新时期，随着社会环境发生翻天覆地的变化，党脱离群众的危险更加突出地表现了出来。首先，随着市场经济的发展，社会财富极大丰富，在缺少必要监督的环境下，作为权力化

12 习近平．在新进中央委员会的委员、候补委员学习贯彻党的十八大精神研讨班上的讲话 [N/OL]. 人民日报，2013 - 01 - 06（01）.http://news.yntv.cn/content/14/201301/06/14_682525.shtml。

身的党员干部在切分整个社会创造的财富蛋糕时，很容易偏向自己一方，与民争利，为自己切一块最大的蛋糕，最终导致与民离心离德。其次，信息化的发展，使得党员干部的工作条件获得了极大的改善，由于资讯非常容易获得，很容易造成领导干部的工作方法发生偏差，例如以为不需要深入群众、深入基层，不需要坚持从群众中来、到群众中去的工作方法就能做出正确的决策，由此造成了享乐主义的蔓延，对干群关系产生了消极影响。最后，从整个社会利益分化的现实来看，利益主体的多元化已经成为一个不争的事实，不同利益群体有不同的利益诉求，这必然会引起群体隔膜，在这种背景下，党员干部做好群众工作的挑战在加大。事实上，在新时期，党员干部脱离群众的危险比以往任何时候都更加突出。

习近平总书记面对新形势新任务，从党的性质和宗旨出发，强调“人民对美好生活的向往，就是我们的奋斗目标”，昭示了中国共产党人的价值追求。为了实现向人民群众的庄严承诺，习近平总书记以群众路线教育实践活动为切入点，狠煞党员干部身上的不正之风。他强调，“开展党的群众路线教育实践活动，就是要把为民、务实、清廉的价值追求深深植根于全党同志的思想和行动中”，尤其是随着反腐败斗争的持续深入，习近平总书记自觉地把党的建设作为最大的政绩，扭转了过去的“GDP 崇拜”造成的发展的代价由人民承担、发展的成果人民无法享用的局面，将党的全部工作着力点放在让老百姓过上好日子上，致力于实现人民群众期盼的“更好的教育、更稳定的工作、更满意的收入、更可靠的社会保障、更高水平的医疗卫生服务、更舒适的居住条件、更优美的环境”。习近平总书记所做的这一切都是为了增强党与人民群众的血肉联系，增强人民群众对党的认同，守住我们党的生命线。这充分体现了习总书记抓党建中的底线思维。

三、深刻认识群众路线教育实践活动的必要性

办好中国的事情，关键在党。回顾90多年的历史，我们党之所以能由小到大、由弱到强，从挫折中奋起、在逆境中成熟，领导人民取得革命、建设和改革的伟大成就，一个重要的原因就在于认真执行党的群众路线，充分发挥党的政治优势，使自己始终顺应时代的要求、反映人民的意志，并结合每一阶段的中心任务，不断加强和改进党的建设，不断增强党的创造力、凝聚力和战斗力。当前，党的领导水平和执政水平、党的建设状况、党员队伍素质总体上同党肩负的历史使命是相适应的。同时，党内也存在不少不适应新形势新任务要求、不符合党的性质和宗旨的问题。在新的历史条件下，加强和改善党的领导，提高党的领导水平和执政水平，就必须主动将自己的活动置于人民群众的有效监督之下。这是因为作为执政党，我们党的各级干部都掌握着大小不一的公共权力和社会资源，能否运用好手中的权力为人民服务，直接关系到党的政治形象和社会声誉，影响到党的执政地位的合法性和稳固性。同时，要不断加强党内监督，发展党内民主。因为只有这样，才能体现人民当家作主，尊重群众的首创精神，受到人民群众的真心爱戴和拥护；才能充分表达党员和党组织的意愿、主张，保障党员的权利，调动他们的积极性和创造性；才能把全党全社会的意志、智慧凝聚起来，在不断推进党的建设新的伟大工程中承担起自己应有的责任。

我们党一直把党群关系问题摆在关系党生死存亡的高度来认识。改革开放以来，我们党采取一系列重大举措来增进党群、干群之间的感情，保持党同人民群众的血肉联系，取得了一定的效果。党的十八大以来，以习近平同志为核心的新一届中央领导集体坚决果断从底线入手抓党建，掀起“群众路线”教育实践活动。这次“群众路线”教育实践活动是党的十八大作出的一项重大决策，对于促进党的作风建设，增强党的创造力、凝聚力和战斗力具有十分重要的意义。毛泽东同志说过：“房子是应该经常打扫的，不打扫就会积满了灰尘；脸是应该经常洗的，不洗也就会灰尘满面。我们同志的思想，我们党的工作，也会沾染灰尘的，也应该打扫和洗涤。”[13]现在，我们在全党开展群众路线教育实践活动，就是要清除作风之弊、洗净行为之垢，确保党的肌体健康，密切党群干群关系。

习近平总书记强调，这次教育实践活动的主要任务聚焦到作风建设上，集中解决形式主义、官僚主义、享乐主义和奢靡之风这“四风”问题。这“四风”是违背我们党的性质和宗旨的，是当前群众深恶痛绝、反映最强烈的问题，也是损害党群干群关系的重要根源。“四风”问题解决好了，党内其他一些问题解决起来也就有了更好的条件。习近平总书记指出，教育实践活动要着眼于自我净化、自我完善、自我革新、自我提高，以“照镜子、正衣冠、洗洗澡、治治病”为总要求。照镜子，主要是以党章为镜，对照党的纪律、群众期盼、先进典型，对照改进作风要求，在宗旨意识、工作作风、廉洁自律上摆问题、

13 毛泽东选集 [M]. 第 3 卷 . 北京：人民出版社，1991：1096.

找差距、明方向。正衣冠，主要是按照为民务实清廉的要求，勇于正视缺点和不足，严明党的纪律特别是政治纪律，敢于触及思想、正视矛盾和问题，从自己做起，从现在改起，端正行为，自觉把党性修养正一正、把党员义务理一理、把党纪国法紧一紧，保持共产党人良好形象。洗洗澡，主要是以整风的精神开展批评和自我批评，深入分析发生问题的原因，清洗思想和行为上的灰尘，保持共产党人的政治本色。“治治病”，主要是坚持惩前毖后、治病救人的方针，区别情况、对症下药，对作风方面存在问题的党员、干部进行教育提醒，对问题严重的进行查处，对不正之风和突出问题进行专项治理。

践行党的群众路线必须牢固抓住本次群众路线教育的主题。群众路线教育实践活动以“为民、务实、清廉”为主要内容，这彰显了新时期党的群众路线的主题。“为民”是新时期群众路线的价值诉求。“为民”是中国共产党自建党以来一直坚持致力的奋斗目标。党的历代领导人都奉行“为民”的执政兴国理念，一贯主张“权为民所用，情为民所系，利为民所谋”。从唯物史观的视角看，把“为民”诠释为群众路线的价值诉求，在于群众路线本质上是对人民群众自身创造性生存实践的关注，是对人民群众的生命存在样态及其发展历程的关注。从“为民”诠释新时期党的群众路线的价值诉求，有助于在实践中确立和实现以人为本的理念，在理论上深度解读群众路线的当代价值，开启中国共产党群众路线当代建构的新境界。“务实”是新时期群众路线的工作作风。

“务实”是中国共产党自建党以来一直坚持奉行的工作作风，也是开展党的群众路线教育实践活动的必然要求。作为党在新时期群众路线的工作作风，“务实”既是一种科学态度，更是一种政治品格。共产党人的“务实”精神，就是要谋实招、察实情、讲实话、办实事、求实效；就是要力戒形式主义，杜绝虚报浮夸的假政绩和劳民伤财的所谓达标升级活动；就是要简化和规范公务活动，少听汇报多调研实际工作，帮助解决实际问题；就是要正视现实，敢揭矛盾，查找原因，吸取教训；就是要深入基层、深入群众，到职工家中、田间地头与群众谈心，了解职工群众的生产生活，掌握职工群众的所思所盼，反映职工群众最真实的想法和最迫切需要解决的问题；就是要走进车间厂房，了解企业的生产经营、发展需求等情况，出谋划策，鼓励企业改革创新、增强自身发展能力，努力使企业成为促进当地经济社会发展的龙头；就是要把实现好、维护好、发展好群众利益作为一切工作的出发点和落脚点，要把群众得实惠、共享改革发展成果作为检验我们工作成败得失的重要标准。正如习近平总书记所指出的，我们每个共产党人要把有限的工作时间投入到无限的全心全意为人民服务的事业中去。

“清廉”是新时期群众路线的党的执政形象。清正廉洁是我们党立党以来赢得民心的重要法宝，也是我们党永葆先进性的本质要求。无论是在战争年代还是在改革开放的今天，我们党一刻也没有放松过对党员干部清正廉洁的要求，高度重视党的反腐倡廉建设，保持党员干部队伍的清正廉洁。清廉也是一种思想作风、人格力量，是立身之本、为人之道、处事之基，是党员领导干部工作的生命线。以清正廉洁公仆为榜样，严格要求自己，比学习、比工作、比奉献、比服务、比廉洁自律，要常常“照镜子、正衣冠、洗洗澡、治治病”。

第三节
践行“三严三实”，守住底线干出成绩

“三严三实”是全党干部运用底线思维最好的抓手。习近平总书记提出，各级领导干部“要善于运用底线思维的方法，凡事从坏处准备，努力争取最好的结果，做到有备无患、遇事不慌，牢牢把握主动权”。可见，底线思维是着眼于最坏、力求最好的思维方式，底线思维讲求先打牢底线，然后争取最好结果。对照底线思维的内容，不难发现，“三严三实”可谓全党干部运用底线思维最好的抓手。“三严三实”是习近平总书记在参加全国人大安徽代表团审议时提出的，即“既严以修身、严以用权、严以律己，又谋事要实、创业要实、做人要实”。只有做到“三严”才能筑牢防线，打好根基，不会被腐败束住手脚；在此基础上，做到“三实”，就能干出成绩，造福一方，成为人民群众心目中的好领导、好干部。

一、以“三严”为标准，打牢执政底线

（一）严以修身，坚定信念，筑牢思想防线

习近平总书记说，“严以修身，就是要加强党性修养，坚定理

想信念，提升道德境界，追求高尚情操，自觉远离低级趣味，自觉抵制歪风邪气。”可见，严以修身包括三个方面的内容：首先是加强党性修养，坚定理想信念。党性修养和理想信念是一个党员的根本特征，一个共产党员丧失了党性和信仰，就不再是党员，至少不是合格的党员，这是共产党人必须守住的底线。其次是提升道德境界，追求高尚情操。不同的人有不同的道德境界和情操，共产党人必须要以锻造出崇高的道德境界和高尚的道德情操为自己修身的目标，以此为目标，才能使自己超越于修身的底线要求。再次是自觉远离低级趣味，自觉抵制歪风邪气。“近朱者赤，近墨者黑”，党员领导干部坚定理想信念，提升道德境界，必须树立底线思维，强化风险意识，把远离低级趣味和抵制歪风邪气作为自觉的行动。

坚持“严以修身”，首先要加强党性修养，坚定理想信念。党性修养和理想信念是共产党人区别于普通群众和其他政党组织的本质特征之所在。一旦丢失党性，丢失理想信念，共产党人将不成为共产党人，可以说，党性修养和理想信念是共产党人之所以为共产党人的底线条件。只有具备了马克思主义政党的党性修养，具备了共产主义的理想信念，才是一个合格的共产党人。这也就意味着，党性修养和理想信念是一个共产党人必须守住的底线，否则他就不是共产党人。我们党一贯重视加强党员的党性修养和理想信念。党的十八大报告指出，“共产党人必须坚定理想信念，坚守共产党人的精神追求。对马克思主义的信仰，对社会主义和共产主义的信念，是共产党人的政治灵魂，是共产党人经受住任何考验的精神支柱”。习近平总书记曾告诫全党，“一个国家、一个民族、一个政党，任何时候任何情况下都必须树立和坚持明确的理想信念。如果没有或丧失理想信念，就会迷失奋斗目标和前进方向，就会像一盘散沙而形不成凝聚力，就会失去精神支柱而自我瓦解”。坚定的党性修养和理想信念，是我们党强大的政治优势，是我们战胜各种艰难险阻夺取胜利的重要法宝，是每个党员干部的终身必修课。

在革命战争年代，正是靠着党性修养和理想信念的支撑，一代代共产党人爬雪山、卧草地，抛头颅、洒热血，在九死一生的艰难处境中坚持不懈干革命，最终领导中国革命走向成功。在革命斗争年月，党性修养和理想信念关乎党的存亡绝续；在和平的建设时期，党性修养和理想信念同样是生死攸关的大事。邓小平同志在总结中国的经验时指出，“我们过去几十年艰苦奋斗，就是靠用坚定的信念把人民团结起来，为人民自己的利益而奋斗。没有这样的信念，就没有凝聚力。没有这样的信念，就没有一切”。习近平总书记对于党性修养和理想信念更是高度重视，他在十八届中央政治局第一次集体学习时说，“理想信念就是共产党人精神上的‘钙’，没有理想信念，理想信念不坚定，精神上就会‘缺钙’，就会得‘软骨病’。”对于广大党员干部而言，坚定的理想信念是必须坚守的底线。只有坚定了理想信念，才能抵御各种腐朽思想的侵蚀，才能够在诱惑面前不为所动，完成党和国家赋予的使命。

“严以修身”在守住“修身”底线的前提下，需要努力提升道德境界，追求高尚情操。道德问题始终是党员干部做人为官的首要问题。“百行德为首，百业德为先。”中华民族是一个有着悠久尚德传统的民族，历来讲究“道德当身，不以物惑”。在传统文化当中，为官从政是需要很高的道德水准的，“政者，正也”，“其身正，不令而行；其身不正，虽令不从”等经典话语都表明了这一点。我们党在继承了传统文化的基础上，也高度重视道德修养对于领导干部的重要作用，例如毛泽东同志就号召全党向雷锋、张思德等优秀的共产党员学习，号召全党同志做“一个毫不利己、专门利人的人”，做“一个高尚的人，一个纯粹的人，一个有道德的人，一个脱离了低级趣味的人，一个有益于人民的人”。习近平总书记站在推进中国特色社会主义伟大事业，实现中华民族伟大复兴中国梦的战略高度，深刻阐明了党员干部特别是领导干部必须加强道德修养。实现中国梦，实现“两个一百年”的奋斗目标，关键在党，关键在广大党员干部要有优良的道德风尚和工作作风。“打铁还须自身硬”，只有党员干部的道德修养搞上去了，中国特色社会主义才有了坚强的领导核心，人民群众见贤思齐，才能为实现中国梦凝聚起强大的精神力量和有力的道德支撑。

从近年来查处的一些党员领导干部违纪违法案件看，他们腐败堕落，最终走上违法犯罪道路，大多是从道德品质上出问题开始的。现实生活中，少数领导干部道德滑坡、官德缺失甚至完全沦丧，既有主观原因，也有客观原因。从主观方面看，少数领导干部道德迷失、官德沦丧的主要原因是，理想信念动摇，“总开关”方面出了问题，从而放纵自己对权力、金钱、美色的欲望，最终突破道德底线，失守道德防线。从客观方面看，市场经济的发展带来了我国社会的深刻转型，社会结构和利益格局的变化带来了思想观念的多元化，东西方的新旧观念相互交融和激荡，个人主义、拜金主义、享乐主义给人们的道德观念带来深刻冲击。客观原因是外因，主观原因是内因，外因是事物变化的条件，内因是根据，外因通过内因而起作用。少数领导干部之所以会蜕化变质，是由于这些领导干部自身出现了问题。因此，每个党员干部都要上好道德修养这一课。

为了加强道德修养，领导干部首先要注重从传统文化中汲取道德营养。习近平总书记在河南考察时强调：党员干部特别是领导干部加强道德修养，必须“自觉从中华优秀传统文化中汲取营养，老老实实向人民群众学习，时时处处见贤思齐，以严格标准加强自律、接受他律”。习近平总书记的重要论述为党员干部做好道德修养这一人生必修课指明了路径。中华优秀传统文化博大精深，蕴含着极为丰富的道德营养和道德力量，学习和掌握其中的思想道德精华，对于党员干部特别是领导干部加强道德修养很有益处。党员干部特别是领导干部要努力学习和掌握中华优秀传统文化，善于从中汲取思想精华和道德精髓，为自身道德修养提供丰厚的滋养，以此来陶冶道德情操，升华思想境界，养成浩然正气。其次，为了加强道德修养，领导干部要向人民群众学习。人民群众是历史活动的主体，也是道德规范的创造者和道德楷模的孕育者。中华民族博大的道德规范是人民群众在世世代代的生产和交往活动中创造出来的。这些优秀的道德精神和道德规范，既反映了人民群众崇美尚善的意志和愿望，又得到了绝大多数社会成员的认同。中华民族有无数的道德楷模，他们有强大的人格感召力，折射出人民群众中蕴藏着巨大的道德能量和道德力量。人民群众的道德生活和道德实践是中华民族传统美德发生发展的动力源泉，也是滋养当今时代党员干部个人品德和从政道德的营养之源。

（二）严以用权，勤政为民，严守制度底线

习近平总书记指出，“严以用权，就是要坚持用权为民，按规则、按制度行使权力，把权力关进制度的笼子里，任何时候都不搞特权、不以权谋私”。严以用权，首先要树立正确的权力观，坚持用权为民。古人云：“居官守职以公正为先，公则不为私所惑，正则不为邪所媚。”历史反复证明，领导干部如果秉公用权，为人民群众的利益使用权力，就能够造福一方；如果以权谋私，为个人利益蝇营狗苟，就会祸害一方。权力是人民赋予的，对领导干部来说，行使权力必须为人民服务，不谋一己之私，这是运用权力最起码的要求。各级领导干部在使用手中的权力时，要常怀敬畏之心，敬畏赐予自身权力的人民，时时刻刻把人民群众的根本利益维护好、实现好、发展好，把人民群众满意作为行使权力的根本标准。

严以用权，要求各级党员干部必须严守制度的底线。习近平总书记从严治党的最大特色就在于，他非常注重加强党的底线建设，以此打造党的作风和形象，扭转不正之风和歪风邪气，致力于提高党的执政能力和人民群众对党的认同。为了扭转恶性腐败案件对党的形象的贬损，习近平总书记注重运用刚性的制度底线从严治党，杜绝权力滥用，把权力关进制度的笼子里。“把权力关进笼子里”，可谓当今社会的一句政治名言。例如，美国前总统老布什就曾在一次讲话中提出：“人类千万年的历史，最为珍贵的不是令人炫目的科技，不是浩瀚的大师们的经典著作，而是实现了对统治者的驯服，实现了把他们关进笼子里的梦想。”他在当时的讲话中还调侃说，“我现在就是站在笼子里向你们讲话”。今天，习总书记提出“把权力关进制度的笼

子里”的口号，可谓高屋建瓴，指出了中国向着现代政治文明迈进的方向，即用刚性的法律制度来约束和控制国家权力，最终用制度的铁笼驯服权力这只怪兽，实现权力依制依规运行的目的。

纵观近现代政治思想史，把权力关进制度的笼子里的思想源远流长，已成为现代政治文明的重要共识。早在 17 世纪，洛克就在《政府论》一书中提出，统治者会滥用权力，并指出，“在一切情况和条件下，对于滥用职权的强力的真正纠正办法，就是用强力对付强力”。18 世纪，孟德斯鸠在《论法的精神》一书中也提出，“一切有权力的人都会滥用权力，这是一条万古不易的经验。有权力的人们使用权力一直到遇到界限的地方才会休止”。因此，他提出了以权力制约权力的主张：“要防止滥用权力，就必须以权力制约权力。”19 世纪，英国政治哲学家阿克顿勋爵在《自由与权力》中提出了一句经典名言：“权力导致腐败，绝对权力导致绝对腐败。”阿克顿勋爵所说的“绝对权力”就是不受任何约束的权力，他所说的“绝对腐败”就是权力恣意妄为带来对人民权利的戕害。为此，他积极探寻限制权力的途径，即一定要“把掌权者关进笼子里”。

近现代以来的思想家之所以孜孜以求制约权力的方法，归根结底，是由西方思想中根深蒂固的人性论决定的。马克思主义经典作家恩格斯的一段话比较鲜明地表达了西方社会对人性的普遍看法，他在《路德维希·费尔巴哈和德国古典哲学的终结》一书中说：“人是什么？一半是野兽，一半是天使。”[14] 也就是说，人是一种兽性和神性

14 马克思恩格斯选集 [M]. 第 4 卷 . 北京：人民出版社，2012：239.

相结合的统一体；它既有善的一面，也有恶的一面；有仁爱之心，能理性地规划生活，同样也自私自利，受非理性制约。美国宪法之父麦迪逊就提出："如果人都是天使，就不需要任何政府了；如果是天使统治人，就不需要对政府有外来的或内在的控制了。"由于人就其本性而言不仅有善的内容，而且有恶的内容，如果人性中的恶在不受任何约束的情况下与国家权力结合在一起，掌权者就会蜕变成苍蝇或猛虎。西方思想家钳制权力的思想主张，就建立在控制人性中的恶无限膨胀的思想之上。受这些思想家的影响，西方国家约束权力的基本方式是法治，即通过制定法律分配权力从而实现权力之间的制衡。这种思想已成为当代西方社会主流的权力约束机制，成为社会公认的定理。

与西方社会通过法制制约权力的套路不同，中国传统社会的农耕文明塑造了一个"熟人社会"，这种社会格局极其强调君主和臣民的德性。德治成为中国传统社会最基本的治理方式，仁义道德成为臣民对君主的最大期许。以儒家为代表的中国士大夫阶层普遍主张以训导的方式使统治者不断完善自己的人格，从而积极施行仁政，以王道而非霸道对待臣民。中国共产党领导继承和发扬中国古代的政治传统，在国家治理体系中强调德治的作用。当然，我们党也借鉴了西方政治文明的成果，提出了依法治国的理念。但是在新中国成立之后的很长一段时期内，我们更加强调德治的重要性，强调思想政治工作在国家治理体系中的突出作用。新中国的建设历程证明，片面强调德治，仅仅靠个人觉悟来约束权力是靠不住的。

在对"文化大革命"的深刻总结的基础上，邓小平同志提出，"制度问题更带有根本性、全局性、稳定性和长期性"，也就是说，必须建立行之有效的权力监督与制约的制度系统，用制度的牢笼来约束权力的恣意妄为。自此以后，中国共产党对于党政领导干部的约束开始更多地强调制度的作用。但是改革开放之后的很长一段时期内，由于法律制度还不健全，监督机制还不完善，对领导干部监管不力等原因，官员腐败发生率居高不下。这与权力的制约与监督缺位或乏力不到位有着千丝万缕的联系。在深刻总结历史经验的基础上，习近平总书记在讲话中特别强调："要加强对权力运行的制约和监督，把权力关进制度的笼子里，形成不敢腐的惩戒机制、不能腐的防范机制、不易腐的保障机制。"他还强调指出，"各级领导干部都要牢记，任何人都没有法律之外的绝对权力，任何人行使权力都必须为人民服务、对人民负责并自觉接受人民监督"。习近平总书记调要"把权力关进制度的笼子里"，用刚性的法律制度来约束党政干部手中的国家权力，这一思想是中国共产党 60 多年执政经验的总结，是现代政治文明的重要共识。

（三）严以律己，心存敬畏，常念失德之害

习近平总书记提出，"严以律己，就是要心存敬畏、手握戒尺，慎独慎微、勤于自省，遵守党纪国法，做到为政清廉"。只有常怀敬畏之心，才会有边界意识，知道哪些界限是不能跨过的；只有常怀敬畏之心，才会有原则意识，知道哪些东西是需要恪守的；只有常怀敬畏之心，才会有底线意识，知道哪些东西是不能突破的。对于广大领导干部来说，只有常怀敬畏之心，才能真正实现"情为民所系、利为民所谋、权为民所用"。具体来说，作为领导干部，应该做到三个"敬

畏”：敬畏人民，敬畏组织，敬畏法纪。

第一，领导干部要对人民心存敬畏。人民是国家的主人，干部是人民的公仆。领导干部手中的权力由人民赋予，就应当用来为人民服务。人民群众是“水”，领导干部是“舟”。水能载舟，亦能覆舟。习近平总书记强调领导干部要“心存敬畏”，首先要求领导干部对人民群众有敬畏之心。只有如此，才能想人民之所想、急人民之所急、谋人民之所需，为人民的利益鼓与呼，竭尽全力为人民多办好事和实事。习近平总书记指出：“我们党来自人民、植根人民、服务人民，党的根基在人民、血脉在人民、力量在人民。”敬畏人民，就是要把人民群众放在心中最高位置，一切为了群众，坚定共产主义的远大理想信念，为党的事业舍生忘死，无私奉献。

敬畏人民，就是要认识到人民群众才是历史的真正创造者，始终依赖群众，诚心拜群众为师、虚心向群众学习，从群众中汲取智慧和力量。敬畏人民，就是要牢记“水能载舟，亦能覆舟”的古训，始终站稳群众立场，尽力为人民办实事，帮助群众解决实际困难，让群众感受到实实在在的、看得见的利益。敬畏人民，就是要不忘“吃百姓之饭，穿百姓之衣，莫以百姓可欺，自己也是百姓”的箴言，自觉保持平民本色，受得了苦、吃得了亏、忍得了委屈，做人民的好公仆。

第二，领导干部要对党组织心存敬畏。正确对待组织，是党员干部立身行事的前提。党员干部的成长进步，离不开组织的关怀和培养。组织为党员干部们点亮了理想信念的灯塔，指明了前进的道路和方向，提供了学习锻炼和发挥能量的机会。离开了组织，一个人本事再大也无用武之地；忽视了组织，一个人能力再强也是寸步难行；背离了组织，一个人荣誉再多也会化为乌有。对于组织，领导干部应当心存敬畏。敬畏组织，就要信赖组织、对组织忠诚，立志为组织的事业奋斗终身。敬畏组织，就要遵守党的章程，严守党的纪律，保守党的秘密，执行党的决定，服从党的安排，始终与组织保持一致。敬畏组织，就要识大体、顾大局，自觉维护团结的局面，不搞“小圈子”、远离“小兄弟”，抵制歪风邪气。敬畏组织，还要处理好组织与个人的关系，正确对待组织，接受组织监督。广大党员干部只有坚持个人服从组织、少数服从多数、下级服从上级、全党服从中央的组织原则，在思想上、政治上和行动上始终与中央保持高度一致，才能时刻牢记使命，将中国特色社会主义事业不断推向前进。

第三，领导干部要对法纪心存敬畏。在社会主义法治国家，社会中的每位成员都应当建立起敬畏法纪的观念和意识。其中的广大领导干部，更是要带头敬畏法纪，始终在法纪的约束下行使权力、履行职责，做到守身如玉、不踩“红线”。当下的社会中充满了各种诱惑，手握大权的领导干部一不留神就会滑向堕落的深渊。天网恢恢，疏而不漏。如果领导干部轻视法纪、心存侥幸，最终都会受到法纪的惩罚。敬畏法纪，就要树立正确的法纪观，在各种诱惑面前保持头脑清醒，莫碰法纪的“高压线”，不存任何逃避法纪惩罚的侥幸心理，做到“思”不出其位、“行”不伤其廉。敬畏法纪，就是在为人处世从政的各个环节，都把依法纪办事作为安身立命的根本，不谋求凌驾法纪之上的位置，不觊觎逍遥法纪之外的特权，将自己的全部活动都纳入到法纪允许的范围内，时时以法纪来约束自己，事事以法纪规范自己。敬畏法纪，就要带头弘扬法治精神，牢固树立法律面前人人平等、制度面前没有特权、制度约束没有例外的理念，增强自身学法、守法、用法的自觉性，廉洁自律、克己奉公，把对法纪的敬畏内化为自身的信仰和自觉行动，做人民群众的榜样和表率。

二、 以“三实”为准绳，干出真实业绩

底线思维的内涵远不止于守住底线。守住底线是底线思维的第一层含义，或者说，是底线思维的底线。

底线思维并不满足于筑牢防线、守住底线，它筑牢防线是为了解除后顾之忧，它守住底线是为了放手拼搏最好的成绩。“天下大事必作于细，古往今来必成于实。”各级领导干部要想干出最好的成绩并不是一件轻而易举的事，必须要谨记习近平总书记“谋事要实，创业要实，做人要实”的教诲，脚踏实地，从点滴干起，干出真成绩，创出大事业。

（一）谋事要实，实事求事，一切从实际出发

习近平总书记提出，“谋事要实，就是要从实际出发谋划事业和工作，使点子、政策、方案符合实际情况、符合客观规律、符合科学精神，不好高骛远，不脱离实际”。习近平总书记揭示了谋事要实的科学内涵，阐明了谋事要实的具体要求，为我们以优良的作风谋事业、干工作提供了科学指南。

树立正确的政绩观是做到谋事要实的前提。政绩观作为一种价值上的导向具有正确和错误之分，同时作为一种观念意识，它对党员干部谋划事业和工作的目的方向、方式方法、实际成效具有重要的影

响。从现实来看，多数党员干部都能坚持以正确的政绩观为指导，为一方的经济社会发展谋事业，为当地群众的福祉改善干工作，在各自的工作岗位上求真务实，兢兢业业，做出了扎扎实实的政绩。但是，同时也要看到，当前少数党员干部在种种不正确的政绩观的指导下，贪图虚名，好大喜功，甚至不惜欺上瞒下、违法乱纪，严重影响了党的路线方针政策的贯彻执行，严重损害了党和政府的形象，最终害人害己。只有坚持正确的政绩观，才能坚持以人为本，更好地满足人民群众日益增长的物质文化生活需要，切实保障人民群众的经济、政治和文化权益，从而正确解决谋划事业和工作的目的和方向问题。只有坚持正确的政绩观，才能做到科学执政、民主执政、依法执政，使党的各项决策和政策符合客观规律、得到人民群众的衷心拥护、实现制度科学、程序正当、过程公开、责任明确，从而正确解决谋划事业和工作的方式方法问题。只有坚持正确的政绩观，才能一以贯之抓落实，做到沿着正确的目标久久为功、持之以恒，从而正确解决谋划事业和工作的成效问题。

坚持实事求是、一切从实际出发是做到谋事要实的重要保障。一切从实际出发是辩证唯物主义世界观的根本要求。它要求我们在认识世界和改造世界的活动中，做到使主观符合客观，要根据客观存在的事实，来决定我们的主观思想和行动，要从客观存在的情况出发分析问题，提出解决问题的方法对策。一切从实际出发要求我们在想问题、做决策时不能从本本出发，做到不唯书、不唯上、只唯实。这其中的道理在于：实际事物是具体的，而本本是对实际事物研究、抽象的结果，不能成为研究问题和作决策的出发点，出发点只能是客观实际。要了解客观实际，就必须深入群众、深入实践进行调查研究，把客观存在的事实搞清楚，把事物的内部和外部联系弄明白，从中找出能够解决问题、符合群众要求的办法来。我们党就是在坚持一切从实际出发，不断克服本本主义的实践斗争中逐步成长壮大并走向兴旺发达的。在新民主主义革命的初期，我们曾经照抄照搬过俄国革命的模式，结果给革命事业带来了惨重的损失。后来我们党在毛泽东等同志的带领下，立足国情，坚持一切从实际出发，才最终找到一条正确的革命道路，并最终取得了革命的胜利。在社会主义建设时期，由于我们党领导社会主义事业的经验不多，党的领导对形势的分析和对国情的认识有主观主义的偏差，并且在相当长的一段时期内我们固守于马克思、恩格斯、列宁、斯大林著作中的某些设想和论点并把其教条化，从而使我国的社会主义建设经历了曲折。

“文化大革命”结束后，我们首先进行了思想路线上的拨乱反正，冲破“两个凡是”的禁锢，发起了真理标准问题大讨论，推动了全国性的马克思主义思想解放运动。党的十一届三中全会使我们党重新确立了马克思主义的思想路线、政治路线和组织路线。邓小平同志在这一时期专门指出：“搞社会主义一定要遵循马克思主义的辩证唯物主义和历史唯物主义，也就是毛泽东同志概括的实事求是，或者说一切从实际出发。”[15] 正是在这种实事求是、一切从实际出发的正确思想路线指引下，我们清醒地认识和把握了我国处于社会主义初级阶段这个基本国情，在此基础上制定了社会主义初级阶段的基本路线，并逐

15 邓小平文选 [M]. 第 3 卷 . 北京：人民出版社，1993：118.

渐形成了社会主义初级阶段的基本纲领和基本经验，从而使社会主义事业在中国获得了勃勃生机。经过改革开放 30 多年的发展，我国的社会主义事业取得了突飞猛进的发展，人民的生活水平得到了显著提高，但是我们党仍旧强调，社会主义初级阶段仍旧是当代中国的最大国情、最大实际，是建设中国特色社会主义的总依据。正如习近平总书记在党的十八大上所强调的："我们在任何情况下都要牢牢把握这个最大国情，推进任何方面的改革发展都要牢牢立足这个最大实际"。

（二）创业要实，真抓实干，经得起历史检验

习近平总书记指出，"创业要实，就是要脚踏实地、真抓实干，敢于担当责任，勇于直面矛盾，善于解决问题，努力创造经得起实践、人民、历史检验的实绩"。创业要实包含四个层次：第一，从规划上，要树立科学发展观，行事之前要全面客观地认识事物的本质，从而做出合理且长远的规划与部署；第二，从执行上，要注重计划与政策的具体实施细节，避免陷入形式主义，杜绝"面子工程"，努力让该做的事做完、做实、做好；第三，从态度上，要敢于直面矛盾、勇往直前，万不可避重就轻、临阵退缩，特别是对于一些难啃的"硬骨头"，要有咬定青山不放松、不达目的不罢休的大无畏气魄；第四，从目标上，要努力创造"实绩"，既要考虑到老百姓当下的现实困难，给出有针对性的回应与解决，又要顾及到社会发展的长远目标，运筹帷幄而决胜千里，更要妥善处理"当下"与"长远"的关系，统筹兼顾，万不可顾此失彼。

创业要实，首先要有脚踏实地、真抓实干的务实精神。空谈误国，

实干兴邦。没有苦干实干，再好的蓝图也只能是镜花水月。正是有了几代人的埋头苦干，中国的革命才有焕然一新的结局；正是有了几代人的求真务实，改革开放事业才有了举世瞩目的成就。前事不忘，后事之师。全面深化改革已经上路，与其高谈阔论指点江山，不如脚踏实地真抓实干。创业要实确实需要我们真抓实干、脚踏实地，不论是真抓实干，还是脚踏实地，关键都是要会干事，不能呆板地、僵化地、教条地执行中央政策，而是能做到因地制宜、因时制宜，具体问题具体分析，做到让老百姓放心的满意的程度。这需要领导干部一是要用心，以积极主动的心态和饱满的热情去勤奋工作，开拓进取，勇于创新；二是做事要动脑，多学习、勤思考，用学习成果指导工作的开展，把实干精神与科学态度结合起来；三是行事要肯吃苦，勤奋努力，挑得起重担，在谋求发展上避虚求实，勇于担当。

创业要实，也要具备敢于担责、直面矛盾的魄力。改革攻坚期，矛盾繁多、复杂，这是不容回避的现实。但是须知，办法总比问题多。作为改革事业的引领者，广大领导干部必须树立正确的政绩观，秉持高度的历史使命感和责任感，不逃避、不回避，敢于承担责任，勇于直面矛盾。在全面深化改革过程中，面对矛盾和困难，特别是对于一些难啃的“硬骨头”，广大党员干部一定要有迎难而上不退缩、咬定青山不放松、不达目的不罢休的大无畏勇气，要敢于冲破思想观念的束缚、破除体制机制的弊端，创造条件，化挑战为机遇，变困难为利好，在深化改革的道路上披荆斩棘，勇往直前。在改革开放的今天，我们面对的环境如此复杂多变，但是踏实肯干依旧是社会主义现代化建设中应当遵循的不变原则，脚踏实地才能用心倾听百姓疾苦，实实在在才能用心感受世间百态。不论经济形势多么复杂，不论社会环境有多少变化，只要党员干部肯踏踏实实用心创业，那就一定会赢得百姓尊重，让党和国家倍感荣耀。

创业要实，重中之重是要真干事。“干事”是干部的天职，“担当”是干部的使命。如果只拿俸禄，不理政务；只坐位子，不担责任，就永远不可能向党和人民交出满意的答卷。一些领导干部，缺乏“功成不必在我”的使命感，却有“新官不理旧事”的错误心态，凡事只求“天下太平”，什么错都没有的后面是什么事都不做，这种所谓的“无为而治”对整个社会发展造成了很坏的影响。中华民族的传统观念中，以恭敬、敬业、严肃、认真的态度去做事，是为人的基本规范，更何况身为人民公仆的党员干部。“为官一任，造福一方”，通过扎实勤奋的工作，为党和人民做出突出贡献、建立突出政绩，这才是奋发有为的领导干部的应有追求。

（三）做人要实，对党忠诚，承担起社会职责

习近平总书记指出，“做人要实，就是要对党、对组织、对人民、对同志忠诚老实，做老实人、说老实话、干老实事，襟怀坦白，公道正派。”习近平总书记关于“做人要实”的要求，切中了作风之弊。当下，少数党员干部做人不实，作风漂浮，败坏了党风政风。

“做人要实”的核心是忠诚于党和人民的事业。古人云：“天下至德，莫大乎忠。”作为共产党员，一是对党、对组织、对人民、对同志忠诚老实。领导干部要有坚定的理想信念，在大是大非面前保持清醒的认识。身为共产党员要坚持以党和人民的事业为重，识大体、

顾大局，不搞“小山头”“小圈子”，始终在大局下想问题、做工作。要坚持诚实守信、言行一致、表里如一，做老实人、说老实话、干老实事，以实际行动兑现承诺、取信于民。要坚持团结和谐、与人为善、虚怀若谷，有容人容事的气度，从善如流的雅量，善于团结各方面的同志，共同干事创业。

二是做老实人、说老实话、干老实事。这既是中华民族的传统美德，又是共产党人的时代要求。做人要实首先要讲诚信。诚实守信，也是新时期社会主义核心价值观的内在要求，作为工人阶级和中华民族的先进分子，党员干部无论何时何地都要做诚实守信的模范，“做群众的模范”。正如陈云同志强调的，“群众常常根据我们党员的行动来测量我们的党，所以党员无论在何时何地的一举一动，都必须给非党群众一种好的影响，使他们更加信仰我党，更加敬重我党”。

三是襟怀坦白、公道正派。身为共产党员，做人要刚正不阿、公道正派。公道在心，正派在行。要坚持公正公道，看待事情、处理问题都要出自公心、主持公道，尤其在原则与感情发生冲突时，要旗帜鲜明地坚持原则、摒弃私情，以特有的人格魅力树立良好形象。这就要求党员干部既坚持原则，又充满为民情怀；既严格要求自己，又宽宏大量、包容他人；既公道做事，又正派做人。正如毛泽东同志强调的，“一个共产党员，应该是襟怀坦白，忠实、积极，以革命利益为第一生命，以个人利益服从革命利益”。襟怀坦白、公道正派体现出共产党人的崇高精神境界，表现了领导干部团结同志共创伟业的能力和水平。坚持正气正派、做老实人，这与做“老好人”有本质的区别，老实人有浩然正气，老好人是歪风邪气，党员干部要坚决反对错误言行和歪风邪气，该抓的决不手软，该管的决不回避，敢讲真话，敢揭真相，始终保持浩然正气。

做人要实，对党员来说，是一种党性修养；对社会来说，则是一种正确导向。目前少数地方和某些领域，“老实人吃亏”的现象依然存在。对此，各级党组织要坚持德才兼备、以德为先，树立正确用人导向，重视老实人、重用老实人，让政治上靠得住、工作上有本事、作风上过得硬、人民群众信得过的老实人越来越吃香。只有这样，才能使“做老实人、说老实话、干老实事”在全党全社会蔚然成风。一是对党、对人民忠诚老实。这是建立党内相互信任、增强党内团结、维护党的铁的纪律的需要。党的干部不同于一般党员，是党的骨干，干部对于党的事业负有重大的责任，应该成为一般党员和群众的模范。这就要求党员干部必须自觉地与以习近平同志为总书记的党中央保持高度一致，对党、对人民一心一意、真心诚意、全心全意，甘当螺丝钉、甘做铺路石、甘为孺子牛。

践行“三严三实”，是建设良好政治生态的重要抓手。政治生态是领导干部能否守住底线、干出政绩的重要氛围。只有政治生态清明，党员干部做人从政的底线才不致受到冲击，才能有充分的条件干事业、出成绩。否则，在混浊的政治环境中，“水滴石穿”，久而久之，党员干部的底线难免不受到挑战，连底线都守不住，更别提干出政绩了。党的十八大以来，习近平总书记高度重视政治生态建设，在多个场合对政治生态建设作出重要指示。习近平总书记在参加十二届全国人大三次会议吉林代表团审议时谈到“政治生态”，他说：“做好各方面工作，必须有一个良好政治生态。政治生态污浊，从政环境就恶劣；政治生态清明，从政环境就优良。政治生态和自然生态一样，稍不注意，就很容易受到污染，一旦出现问题，再想恢复就要付出很大代价。”政治生态，是一个党一个国家凝心聚力办大事的基础，也是党员干部成长干事创业的氛围。中国有古语云：“橘生淮南则为橘，橘生淮北则为枳。”这句话很形象地道出环境对于植物生长的重要影响。良好适宜的环境能结出橘子，是一种鲜美可口的水果，而如果环境恶劣不适宜种植橘子，果实则又小又涩，完全不是橘子的味道，称之为“枳”。政治生态就像水池源头一样，决定着水质的好坏，决定着水中鱼儿的健康与否。如果政治生态是坏的，相当于水池源头的水被污染了，那整个水池的水也是混浊的，在混浊的水中，鱼儿不生病都难。建设良好的政治生态，必须牢牢抓住“三严三实”。开展“三严三实”专题教育，是净化政治生态、营造廉洁清正的从政环境的重要举措，是全面从严治党的重要抓手。紧紧围绕协调推进“四个全面”战略布局，对照“严以修身、严以用权、严于律己，谋事要实、创业要实、做人要实”的要求，聚焦对党忠诚、个人干净、敢于担当，着力解决“不严不实”问题，切实增强践行“三严三实”要求的思想自觉和行动自觉，努力在深化“四风”整治、巩固和拓展党的群众路线教育实践活动成果上见实效，在守纪律讲规矩、营造良好政治生态上见实效，在真抓实干、推动改革发展稳定上见实效。

第四节
落实“两学一做”，守住底线做合格党员

底线思维是着眼于最坏、力求最好的思维方式，底线思维讲求先打牢底线，然后争取最好结果。对照底线思维的内容，不难发现，“两学一做”可谓全党干部树立底线思维的有力抓手。2016 年 2 月，中共中央办公厅印发了《关于在全体党员中开展“学党章党规、学系列讲话，做合格党员”学习教育方案》，由此在全党上下掀开了“两学一做”学习教育。“两学一做”，即学党章党规，学习近平总书记的重要讲话精神，做合格共产党员。就“两学一做”自身的三个要件而言，党章党规划定了一名共产党员的底线条件，总书记讲话指明了新时期党领导人民建设国家的根本遵循，它们构成了做合格共产党员的原则规定和具体要求，做合格的共产党员是两学的目的。就党领导国家事业的全局而言，“两学一做”本身就是底线，只有把全党上下按党章党规办事，把思想统一到总书记讲话上来，做合格的共产党员，才能承担起中国特色社会主义事业领导核心的使命。

一、学习党章党规，明确党员底线

学习党章党规是明确党员干部底线条件的基石。习近平总书记高度重视党章在党的政治生活中的地位，他强调："党章是党的总章程，集中体现了党的性质和宗旨、党的理论和路线方针政策、党的重要主张，规定了党的重要制度和体制机制，是全党必须共同遵守的根本行为规范。没有规矩，不成方圆。党章就是党的根本大法，是全党必须遵循的总规矩。在各级党组织的全部活动中，都要坚持引导广大党员、干部特别是领导干部自觉学习党章、遵守党章、贯彻党章、维护党章，自觉加强党性修养，增强党的意识、宗旨意识、执政意识、大局意识、责任意识，切实做到为党分忧、为国尽责、为民奉献"。党章是管党治党的总规矩，是全体党员必须坚守的底线。

党章规定了党的性质和宗旨，各级党员必须牢记党员身份，常怀宗旨意识。"中国共产党是中国工人阶级的先锋队，同时是中国人民和中华民族的先锋队，是中国特色社会主义的领导核心，代表中国先进生产力的发展要求，代表中国先进文化的前进方向，代表中国最广大人民的根本利益。"党的性质指明了党员加强党性修养的方向。党章规定，"中国共产党党员是中国工人阶级的有共产主义觉悟的先锋战士"，这一条事实上指出了中国共产党的党员标准。不难发现，中国共产党对于吸收党员是有较高的门槛条件的，这是因为共产党在建设重要承担起"先锋队"的作用。但是，"有共产主义觉悟先锋战士"也仅仅是入党的门槛条件，共产党作为中国特色社会主义的领导核心，肩负着实现中华民族伟大复兴的历史重任，这个历史重任在特定的历史时期具体化为特定的历史任务，共产党要想成长为肩负起这一历史使命的领导者，就必须对自身的成员提出更高的要求，把他们锻造成为先锋队组织。由于中国共产党面临的历史任务在调整，先锋队的具体内涵也在调整，党员个人必须以先锋队的标准要求自己，加强党性修养，提高执政能力，为把中国共产党打造成为中国特色社会主义的领导核心贡献力量。

党章规定了党的最高理想。共产主义是共产党人的最高理想。共产主义是马克思恩格斯在唯物史观的基础之上描绘的人类所能实现的理想社会图景，为共产党人指明了方向。共产主义有其深刻的科学理论根据，是共产党人的理想信念。崇高的理想信念，始终是共产党人保持先进性的精神动力，是推动党和人民事业不断发展的重要保障，也是我们党的政治优势。习近平总书记在全国宣传思想工作会议上形象地指出：理想信念是共产党人精神上的“钙”。没有理想信念，理想信念不坚定，精神上就会“缺钙”，就会得“软骨病”。在现实生活中，一些党员干部出现这样那样的问题，说到底是信仰迷茫、精神迷失。面对个人利益，面对各种诱惑，面对生死考验，党员干部的价值选择，关键取决于理想信念。

在最高理想信念之外，党章还规定了共产党人的奋斗目标。当代中国，共产党人的奋斗目标是，“把我国建设成为富强民主文明和谐的社会主义现代化国家”。现代化是中华民族近代以来面对的严峻历史课题。在世界历史的背景下东西方文明相遇，曾经创造了辉煌灿烂的文明的中华民族遭遇了严重的生存危机，现代化的历史任务是中国走出生存危机的必由之路。现代化作为一种发展路径，其目的是实现中华民族的伟大复兴。习近平总书记强调："每个人都有理想和追求，都有自己的梦想。现在，大家都在讨论中国梦，我以为，实现中华民族伟大复兴，就是中华民族近代以来最伟大的梦想。这个梦想，凝聚了几代中国人的夙愿，体现了中华民族和中国人民的整体利益，是每一个中华儿女的共同期盼。历史告诉我们，每个人的前途命运都与国家和民族的前途命运紧密相连。国家好，民族好，大家才会好。"实现中华民族伟大复兴的中国梦，凝聚了社会共识的最大公约数，是百余年来中华儿女持之以恒的追求。

经过一代代仁人志士的不懈奋斗，中华民族从来没有像今天这样接近于民族的复兴。在今后的一段历史时期内，中国共产党的奋斗目标，是带领人民不断为民族的伟大复兴创造条件。

党章规定，中国特色社会主义是中国共产党带领人民实现中国现代化的必由之路。习近平总书记强调："只有高举中国特色社会主义伟大旗帜，我们才能团结带领全党全国各族人民，在中国共产党成立 100 年时全面建成小康社会，在新中国成立 100 年时建成富强民主文明和谐的社会主义现代化国家，赢得中国人民和中华民族更加幸福美好的未来。"习近平总书记告诫全党，"坚持和发展中国特色社会主义是一篇大文章，邓小平同志为它确定了基本思路和基本原则，以江泽民同志为核心的党的第三代中央领导集体、以胡锦涛同志为总书记的党中央在这篇大文章上都写下了精彩的篇章。现在，我们这一代共产党人的任务，就是继续把这篇大文章写下去。"坚持中国特色社会主义，既不走封闭僵化的老路，也不走改旗易帜的邪路，这是每一位共产党员，尤其是党的领导干部必须坚守的底线。

党章规定了党员必须遵守的纪律。广大党员，尤其是党的各级领导干部要有规矩意识，要把纪律挺在前面，要守住政治纪律底线，要讲党性、讲政治，要对党忠诚，要在思想上、政治上、行动上同党中央保持高度一致。习近平总书记强调，全面从严治党首先要尊崇党章。党员要用党章规范自己的一言一行，要确保信仰不变、立场不移、方向不偏，用刚性纪律诠释全面从严治党要求，用“纪律底线”打牢党员干部做人做事的“笼子”。各级纪委要全面履行党章赋予的职责，带头尊崇党章，把维护党章和其他党内法规作为首要任务，加强对遵守党章、执行党纪情况的监督检查，严肃查处违反党章党规党纪的行为，坚决维护党章权威，做党章的坚定执行者和忠实捍卫者。党章是党的总章程和根本大法。每位党员干部都要把党章作为严肃党纪的总规矩。在党章之外，我党还制订了一系列党规党纪。当前各级党员干部还要认真学习《中国共产党廉洁自律准则》《中国共产党纪律处分条例》等党内法规。对于党员干部来说，党章就是红线，党规就是雷区，决不能踩红线、闯雷区。讲政治、识大体、顾大局是对每个共产党员最起码的要求。在全面从严治党的战略布局中，党委负有领导责任，纪委负有监督责任。各级党委要切实把加强党的建设作为最大的政绩，各级纪委要重点加强对执行党的路线方针政策和决议情况的监督检查，确保党的集中统一，保证党中央政令畅通。

二、学习总书记讲话，提高执政能力

党的十八大以来，习近平总书记在新的历史起点上如何坚持和发展中国特色社会主义这一理论主题，确立了“四个全面”的战略布局，初步形成了习近平治国理政思想，把马克思主义中国化提高到新境界。学习习近平总书记系列重要讲话精神是统一思想、提高战斗力的重要保障。习近平总书记系列重要讲话是马克思主义中国化的最新成果，是以习近平同志为核心的党中央治国理政新理念新思想新战略。各级党员干部只有认真学习习近平总书记系列重要讲话精神，才能深刻理解和掌握我党在新的历史起点上治国理政的基本思路，并把党员干部个人的思想和行动统一到党中央的部署上，全党上下拧成一股绳，发挥战斗堡垒作用。

深入学习习近平总书记系列重要讲话精神，首先要紧紧抓住坚持和发展中国特色社会主义这条主线，始终高举中国特色社会主义伟大旗帜。这是推进我国国家治理现代化、实现中华民族伟大复兴的中国梦的灵魂和命脉。习近平总书记强调："历史和现实都告诉我们，只有社会主义才能救中国，只有中国特色社会主义才能发展中国，这是历史的结论、人民的选择。"在建党 95 周年大会上的讲话中，习近平总书记提出，"坚持不忘初心、继续前进，就要坚持中国特色社会主义道路自信、理论自信、制度自信、文化自信，坚持党的基本路线不动摇，不断把中国特色社会主义伟大事业推向前进。方向决定道路，道路决定命运。中国特色社会主义不是从天上掉下来的，是党和人民历尽千辛万苦、付出巨大代价取得的根本成就。中国特色社会主义，既是我们必须不断推进的伟大事业，又是我们开辟未来的根本保证。"中国特色社会主义是中国共产党在新的历史起点上领导全国各族人民完成中华民伟大复兴的中国梦的总政策，各级党员和党员领导干部，必须深刻领会中国特色社会主义这一战略遵循，把思想统一到中国特色社会主义上，既不退回到封闭僵化的老路上，也不僭越到改旗易帜的邪路上。

深入学习习近平总书记系列重要讲话精神，重点是理解和把握“四个全面”的战略布局和战略思想，首先要理解和把握全面建成小康社会的战略目标，走好实现中华民族伟大复兴中国梦的关键一步。在建党95周年的重要讲话中，习近平总书记指出，“全面建成小康社会，是我们党向人民、向历史作出的庄严承诺，是13亿多中国人民的共同期盼。为实现这一目标，党的十八大以来，我们党形成并积极推进经济建设、政治建设、文化建设、社会建设、生态文明建设五位一体的总体布局，形成并积极推进全面建成小康社会、全面深化改革、全面依法治国、全面从严治党的战略布局。‘五位一体’和‘四个全面’相互促进、统筹联动，要协调贯彻好，在推动经济发展的基础上，建设社会主义市场经济、民主政治、先进文化、生态文明、和谐社会，协同推进人民富裕、国家强盛、中国美丽。”全面建成小康社会，关键靠发展。习近平总书记指出，“发展是党执政兴国的第一要务，是解决中国所有问题的关键。我国仍处于并将长期处于社会主义初级阶段的基本国情没有变，人民日益增长的物质文化需要同落后的社会生产之间的矛盾这一社会主要矛盾没有变，我国是世界上最大发展中国家的国际地位没有变。这是我们谋划发展的基本依据。”面对新的发展机遇和挑战，习近平总书记强调指出，中国的发展思路“要坚持以经济建设为中心，坚持以新发展理念引领经济发展新常态，加快转变经济发展方式、调整经济发展结构、提高发展质量和效益，着力推进供给侧结构性改革，推动经济更有效率、更有质量、更加公平、

以习近平同志为总书记的党中央，从坚持和发展中国特色社会主义全局出发，提出全面建成小康社会、全面深化改革、全面依法治国、全面从严治党战略布局，为实现“两个一百年”奋斗目标、实现中华民族伟大复兴中国梦提供了理论指导和实践指南。（新华社记者 胥晓璇 编制）

更可持续地发展，加快形成崇尚创新、注重协调、倡导绿色、厚植开放、推进共享的机制和环境，不断壮大我国经济实力和综合国力。”

深入学习习近平总书记系列重要讲话精神，必须牢牢把握全面深化改革这个党中央和全党全国工作的主旋律，完善和发展中国特色社会主义制度，推进国家治理体系和治理能力现代化。习近平总书记在建党 95 周年的重要讲话中指出，“坚持不忘初心、继续前进，就要坚定不移高举改革开放旗帜，勇于全面深化改革，进一步解放思想、解放和发展社会生产力、解放和增强社会活力，不断把改革开放推向前进。改革开放是当代中国最鲜明的特色，是我们党在新的历史时期最鲜明的旗帜。改革开放是决定当代中国命运的关键抉择，是党和人民事业大踏步赶上时代的重要法宝。”关于如何进一步深化改革，习近平总书记指出：“改革必须坚持正确方向，既不走封闭僵化的老路、也不走改旗易帜的邪路。我们要把完善和发展中国特色社会主义制度、推进国家治理体系和治理能力现代化作为全面深化改革的总目标，勇于推进理论创新、实践创新、制度创新以及其他各方面创新，让制度更加成熟定型，让发展更有质量，让治理更有水平，让人民更有获得感。”当代中国的改革要坚持以经济体制改革为重点，坚持社会主义市场经济改革方向，全面深化经济体制、政治体制、文化体制、社会体制、生态文明体制和党的建设制度改革。站在改革的深水区，我们的改革要有“自我革命的气魄”和“坚忍不拔的毅力”，要更加注重“系统性、整体性、协同性，敢于涉深水区、啃硬骨头”。

深入学习习近平总书记系列重要讲话精神，必须深刻理解全面依法治国这个重要保障，持续深入地落实依法治国基本方略，加快建设社会主义法治国家。在建党95周年的纪念大会上，习近平总书记指出："改革和法治如鸟之两翼、车之两轮。我们要坚持走中国特色社会主义法治道路，加快构建中国特色社会主义法治体系，建设社会主义法治国家。全面依法治国，核心是坚持党的领导、人民当家作主、依法治国有机统一，关键在于坚持党领导立法、保证执法、支持司法、带头守法。要在全社会牢固树立宪法法律权威，弘扬宪法精神，任何组织和个人都必须在宪法法律范围内活动，都不得有超越宪法法律的特权。"现行宪法是一部高举中国特色社会主义伟大旗帜的宪法，高度凝聚了全党全国各族人民的智慧和意志，集中体现了党领导人民进行中国特色社会主义建设的成功经验，与时俱进地融汇了全人类民主、法治、人权发展的优秀成果，是一部先进的宪法。习近平总书记高度重视宪法在国家政治生活中的地位和作用。他多次强调，宪法具有至上的法制地位和强大的法制力量，实现中华民族伟大复兴的"中国梦"，必须尊崇宪法精神，贯彻宪法规定。其中的关键，是将宪法意识和法治观念根植于心，在遵守上下功夫，谨守宪法的各项原则与规定。要增强全社会学法、遵法、守法的意识，发挥领导干部的模范带头作用是关键。必须提高领导干部运用法治思维和法治方式深化改革、推动发展、化解矛盾、维护稳定的能力。

深入学习习近平总书记系列重要讲话精神，必须紧紧抓住全面从严治党这个关键环节，始终保持党的强大创造力凝聚力战斗力，始终保持党同人民群众的血肉联系，使党始终成为中国特色社会主义事业的坚强领导核心。习近平总书记在建党95周年的重要讲话中指出，"办好中国的事情，关键在党。中国特色社会主义最本质的特征是中国共产党领导，中国特色社会主义制度的最大优势是中国共产党领导。坚持和完善党的领导，是党和国家的根本所在、命脉所在，是全国各族人民的利益所在、幸福所在。”站在新的历史起点上，中国共产党已经发展成为一个有8800多万名党员、440多万个党组织的党，作为一个在有着13亿多人口的大国长期执政的党，党的建设关系重大、牵动全局。坚持党的建设必须从客观实际出发，从规律出发。“党和人民事业发展到什么阶段，党的建设就要推进到什么阶段。这是加强党的建设必须把握的基本规律。”

三、做合格党员，构筑坚强堡垒

“实干兴邦，空谈误国”。做合格党员，决不是简单地喊句口号，而是必须真正付诸行动。底线思维强调守住底线争取最好结果。如果说“两学”是明确底线，那么“一做”就是“两学”的最终目的，是“两学”要争取的最好结果。如果把打造中国特色社会主义的领导核心作为党建的最终目的，那么“两学一做”就是打牢底线的过程。在全面从严治党的背景下，做合格党员是对每一位党员的底线要求。着眼党和国家事业的新发展对党员的新要求，深刻学习党章党规和系列讲话，并在实践中自觉践行，强化政治意识，保持政治本色，把理想信念外化为行动的力量。做合格党员，首先要树立看齐意识，坚定自觉地在思想上政治上行动上同以习近平同志为总书记的党中央保持高度一致，做政治上的明白人。做合格党员，要把思想化为行动，践行党的宗旨，保持公仆情怀，密切联系群众，全心全意为人民服务，在全面建成小康社会的决胜之年，能够担起大任、完成使命。

2016年9月27日，福州长乐80多名国土系统党员干部在市法院旁听某乡镇土地村建分管领导涉嫌职务犯罪案件的庭审。福建省福州市各级纪检监察机关将“两学一做”学习教育与廉政警示教育相结合，组织党员干部现场旁听发生在自己身边的违纪违法案件庭审，面对面听取检察官现场解析职务犯罪特点，加大警示教育力度，教育提醒党员干部不碰底线，不越“红线”，严守法纪、廉洁履职。

（新华社记者　宋为伟　摄）

做合格党员，必须强化政治意识，保持政治本色，把理想信念时时处处体现为行动的力量；必须坚定自觉地在思想上政治上行动上同以习近平同志为总书记的党中央保持高度一致，经常主动向党中央看齐，向党的理论和路线方针政策看齐，做政治上的明白人。习近平总书记在建党95周年的讲话中指出，“党要管党，首先要从党内政治生活管起；从严治党，首先要从党内政治生活严起。我们要加强和规范党内政治生活，严肃党的政治纪律和政治规矩，增强党内政治生活的政治性、时代性、原则性、战斗性，全面净化党内政治生态。全党同志要增强政治意识、大局意识、核心意识、看齐意识，切实做到对党忠诚、为党分忧、为党担责、为党尽责。”

做合格党员，必须践行党的宗旨，保持公仆情怀，牢记共产党员永远是劳动人民的普通一员，密切联系群众，全心全意为人民服务。在建党 95 周年大会上的讲话中，习近平总书记强调：“以德修身、以德立威、以德服众，是干部成长成才的重要因素。每一名党员干部都要坚守“三严三实”，拧紧世界观、人生观、价值观这个‘总开关’，做到心中有党、心中有民、心中有责、心中有戒，把为党和人民事业无私奉献作为人生的最高追求。”保持公仆情怀，就要坚持人民立场，始终把人民放在心中最高位置，在“为了谁、依靠谁、我是谁”这个根本问题上不糊涂，始终坚持把服务群众作为第一职责、把群众呼声作为第一信号、把群众满意作为第一标准。也只有这样，才能把实现和维护最广大人民根本利益作为开展工作的出发点和落脚点，把权力和精力用于服务人民，把智慧和能力用于奉献人民。“党的作风是党的形象，是观察党群干群关系、人心向背的晴雨表。党的作风正，人民的心气顺，党和人民就能同甘共苦。”唯有如此，才能保持优良的党的作风和形象。

做合格党员必须坚决与贪污腐败作斗争，心存敬畏、手握戒尺，廉洁从政、从严治家，筑牢拒腐防变的防线。习近平总书记在建党 95 周年的讲话中指出，我们党作为执政党，面临的最大威胁就是腐败。“反腐倡廉、拒腐防变必须警钟长鸣。各级领导干部要牢固树立正确权力观，保持高尚精神追求，敬畏人民、敬畏组织、敬畏法纪，做到公正用权、依法用权、为民用权、廉洁用权，永葆共产党人拒腐蚀、永不沾的政治本色。”

做合格党员必须提高执政能力，始终保持干事创业、开拓进取的精神。中国共产产党作为当代中国的唯一执政党，其存在全部价值和意义，可以用改造客观世界、推动经济社会健康发展的程度来衡量。在建党95周年的讲话中，习近平总书记号召全党，“各级领导干部要加快知识更新、加强实践锻炼，使专业素养和工作能力跟上时代节拍，避免少知而迷、无知而乱，努力成为做好工作的行家里手。”广大党员，尤其是党的领导干部，必须坚持砥砺品格、增强本领，成为各自工作岗位上的行家里手，为社会主义现代化建设、为实现中华民族伟大复兴的“中国梦”贡献力量。

后 记

在中央党校2015年秋季学期入学典礼上，刘云山同志号召全党上下认真学习习近平总书记系列重要讲话精神，在学习中要达到“全、新、深”的要求。各级领导干部都要全面系统地学习习近平总书记的重要讲话，注重学习习近平总书记的最新讲话精神，并不断把学习引向深入，从而提高各级党政干部在新形势下应对风险、迎接挑战的执政能力。在习近平总书记的系列重要讲话中，坚持和发展中国特色社会主义是一以贯之的红线。中国特色社会主义是人类历史上从未有过的道路创新、制度创新和理论创新，借用邓小平同志的话，坚持和发展中国特色社会主义就是要在没有路的地方“杀出一条血路”，创造人类历史上从未有过的发展奇迹，实现中华民族伟大复兴的中国梦。为了实现这一宏伟目标，习近平总书记提出了底线思维。

底线思维是习近平总书记着眼于提高各级党政干部坚持和发展中国特色社会主义而提出的重要思维方式。底线思维，对于我国确立中国特色社会主义的发展道路具有重要意义，对于我国在新的历史起点上继续坚持和发展中国特色社会主义同样具有重要意义。回顾过去三十多年的发展经历，“摸着石头过河”这一坚持实践导向、鼓励基层探索、在没有道路的地方杀出一条血路的思维方法是中国能够取得突出成就的重要原因。事实上，“摸石头”的过程，也是寻找底线、摸索支撑点的过程。比如，不同阶段、不同领域改革的共性和差异性，不同利益群体对改革的承受力，机构改革的力度、速度与维系正常行政运作的平衡等等，都需要我们认真思考、小心求证，从而在实践中既锐意进取、大胆探索，又稳妥把握、务求必胜。中华民族伟大复兴的中国梦越来越接近我们，但我们的事业越前进、越发展，新情况、新问题就会越多，面临的风险和挑战就会越多，面对的不可预料的事情就会越多。在这样的情况下，清醒认识我们所处的环境，凡事从坏处准备，努力争取最好的结果，显得尤为重要。当前，我国经济社会发展中的各种深层次矛盾日益凸显，诸多民生难题牵一发而动全身，“创新、协调、绿色、开放、共享”的五大发展理念如何落到实处迫在眉睫。直面挑战，需要逢山开路、遇河架桥的勇气，也需要管控风险、防守底线的智慧。中国特色社会主义能否坚持和发展下去，“中国号”这艘巨轮能够航行多远，关键看中国能否守住底线，守住底线，才能开创新局面。

本书以习近平总书记关于底线思维的重要讲话精神为主题，对于提高各级党政干部对于底线思维的理论内涵、现实意义和践行抓手的理解和认识具有重要的价值和意义。感谢中央党校马克思主义学院和新华出版社的各位领导在本书出版过程中给予的帮助，感谢责任编辑江之军辛勤的劳动。感谢我的爱人李彬彬对本书提出了很多富有价值的建议和意见！当然限于作者的学识和能力，书中对于习近平总书记重要讲话精神的学习和解读，以及对于其他历史、理论和现实问题的把握和解答，还有很多不足和纰漏之处，恳请各位读者朋友不吝赐教，共同把对习近平总书记底线思维的学习和研究推向深入。

周衍冰

2016年11月于大有庄红楼公寓

参考文献

金冲及．毛泽东传上（1893-1949年）[M]. 北京：中央文献出版社，1996.
逄先知、金冲及．毛泽东传下（1849-1976年）[M]. 北京：中央文献出版社，2003.
中共中央党史研究室．中国共产党历史1-2卷[M]. 北京：中共党史出版社，2011.
胡绳主编．中国共产党的七十年[M]. 北京：中共党史出版社，1991.
胡绳著．从鸦片战争到五四运动[M]. 北京：人民出版社，1997.
胡绳主编．从五四运动到中华人民共和国成立[M]. 北京：社会科学文献出版社，2001.
龚育之主编．马克思主义中国化研究——历史进程和基本经验[M]. 北京：北京出版社，2009.
杨奎松．马克思主义中国化的历史进程[M]. 郑州：河南人民出版社，1994.
罗荣渠．现代化新论——世界与中国现代化进程[M]. 北京：商务印书馆，2009.
何毅亭．学习习近平总书记重要讲话[M]. 北京：人民出版社，2013.
韩庆祥．思想的力量——新一届中央领导集体治国理政的基本思路[M]. 北京：中共中央党校出版社，2014.
赵曜、王伟光等．马克思列宁主义基本问题[M]. 北京：中共中央党校出版社，2001.
金春明、许全兴等．毛泽东思想基本问题[M]. 北京：中共中央党校出版社，2001.
郑必坚、龚育之等．邓小平理论基本问题[M]. 北京：中共中央党校出版社，2001.
陶元浩、周衍冰、李彬彬等．践行“三严三实”，加强党性修养[M]. 北京：中共中央党校出版社，2015.
乌尔里希·贝克．风险社会[M]. 何博闻译．北京：译林出版社，2004.
亨廷顿．变动社会中的政治秩序[M]. 王冠华等译．上海：上海世纪出版集团，

2008.
亨廷顿．文明的冲突与世界秩序的重建[M].周琪等译．北京：新华出版社，2002.
斯塔夫里阿诺斯．全球通史（上、下册）[M].吴象婴等译．北京：北京大学出版社，2005.
约翰·麦克里兰．西方政治思想史（上、下册）[M].彭淮栋译．北京：中信出版社，2014.
弗朗西斯·福山．政治秩序的起源：从前人类时代到法国大革命[M].毛俊杰译．桂林：广西师范大学出版社，2014.
弗朗西斯·福山．大断裂：人类本性与社会秩序的重建[M].唐磊译．桂林：广西师范大学出版社，2014.
弗朗西斯·福山．历史的终结与最后的人[M].陈高华译．桂林：广西师范大学出版社，2014.
李约瑟．中国科学技术史第一卷第1分册[M].王玲协助．北京：科学出版社，1975.
萨孟武．中国政治思想史[M].北京：东方出版社，2008.
黄仁宇．现代中国的历程[M].北京：中华书局，2011.
李泽厚．中国古代思想史（近代、现代）[M].天津：天津社会科学院出版社，1999.
张汝伦．现代中国思想研究[M].北京：人民出版社，2014.
萧功秦．超越左右激进主义——走出中国转型的困境[M].杭州：浙江大学出版社，2012.
马立诚．当代中国的八种社会思潮[M].北京：社会科学文献出版社，2012.
蔡明哲．社会发展理论[M].台北：台湾巨流图书公司，1988.
孙立平、王汉生、王思斌等．改革以来中国社会结构的变迁[J].中国社会科学，1994（2）.
郑杭生．改革开放三十年．社会发展理论和社会转型理论[J].中国社会科学，2009（2）.
韩庆祥．当代中国的社会转型[J].现代哲学，2002（3）.
吴忠民．20世纪中国社会转型的基本特征分析[J].学海，2003（3）.
李培林．再论“另一只看不见的手”[J].社会学研究，1994（1）.
郭庆松．“时空压缩”下的现代化发展模式[N].文汇报，2008—10—27.
雷颐．“扒粪运动”如何救美国于贪腐泥潭之中[J].炎黄春秋，2002（4）.
韩钢．关于华国锋的若干史实，炎黄春秋[J].2011（2）.
顾海良．习近平改革思想蕴含的底线思维．在根本性问题上不犯颠覆性错误[J].人民论坛，2013（12）.